버튼만 누르면 수익이 돌아간다

김정수 지음

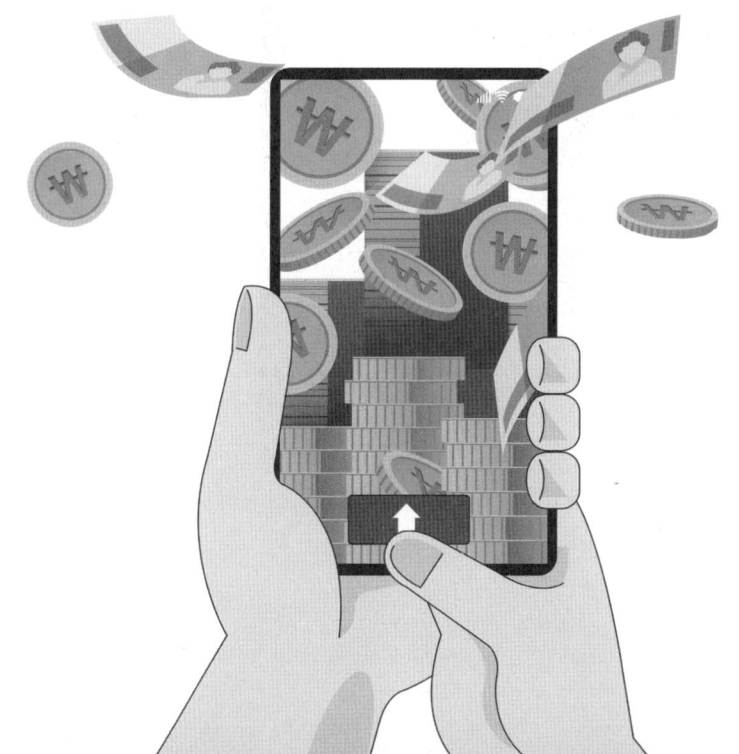

버튼만 누르면 수익이 돌아간다

1판 1쇄 발행 2025년 12월 2일

저자 김정수

교정 주현강 **편집** 문서아 **마케팅·지원** 이창민

펴낸곳 (주)하움출판사 **펴낸이** 문현광

이메일 haum1000@naver.com **홈페이지** haum.kr
블로그 blog.naver.com/haum1000 **인스타그램** @haum1007

ISBN 979-11-7374-257-6(03320)

물살종: 물려도 살아 나올 수 있는 종목

기돈시: 기다리면서도 돈을 계속 버는 시스템

돈버락투자자문 운용현황

(기준일: 2025.11.14 현재)

증권사	시작일	경과 일수	실현이익 수익률			시작일 이후누적 (a)	기준 평가 손익률 (b)	기준일 총수익율 (a-b)	일 평균 매도건수 (영업일 기준)	금일 매도 현황	
			기준일 전 1개월	기준일 전 3개월	기준일 전 6개월					건수	종목명
키움	25.03.13	247	3.11%	9.89%	18.59%	25.06%	-10.53%	14.53%	1.5	1	
한투	25.04.01	228	1.99%	5.95%	14.03%	20.53%	-9.98%	10.56%	1.5	2	
미래	25.04.01	228	1.37%	4.43%	11.26%	18.52%	-8.16%	10.36%	1.3	1	

(주)투자원금 5백만원(각 계좌 동일), 세결기준 작성

알려드립니다.

1. 과거의 투자성과는 미래 수익을 보장하지 않으며, 본건 수익은 투자권유가 아닌 정보제공이 목적입니다.

2. 당사 투자자문 모델의 투자성과 측정을 위해 회사 고유계정으로 투자한 성과로 고객계좌 운용성과와는 다를 수 있습니다.

3. 투자자별 Portfolio는 모두 다릅니다. 따라서 투자자별로 수익율이 다를 수 있습니다.

4. 수익률은 해당 증권계좌의 경과기간별 단순 누적수익률을 표시하고 있습니다.

5. 실현이익은 수수료 및 거래세 공제후 금액입니다.

6. 회사는 주식투자 자문 서비스만 할 뿐 투자판단 및 투자성과는 전부 본인에게 귀속됩니다.

기다리면서도 **돈**을 계속 버는 **시**스템 요약 기돈시

✿ 100개의 수익 톱니바퀴가 회전 ✿

구분	내 용
목표	주식 투자 못하시는 분들에게도 큰돈 벌어 주자!
난이도	버튼만 누를 수 있으면 할 수 있는 수준
소요 시간	PC 없이 핸드폰 몇 번 터치, 하루 단 30초 (직장인, 자영업자도 가능)
목표 수익	꾸준하고 양호한 수익률로 평생 이익 극대화
종목 추천	버튼을 누르면 즉시 실시간 추천
분할 매수	직전 매수가 -10% 하락 시 즉시 실시간 알림
분할 매도	시스템이 08:30에 각 분할 매수가 +10%에 일괄 매도 주문
기본 철학	분산, 분할, 분리
종목 선정	물려도 살아 나올 수 있는 종목(물살종)만 선정
종목 수	40개 종목으로 분산
매수 횟수	총 4회 분할 매수
포트폴리오	총 100개로 분리(100개의 수익 톱니바퀴)
최초 진입	총 40개 종목이 채워질 때까지 조건 충족 종목 추천 및 진입 (자문 초일 40개 종목 진입도 가능)
후속 진입	총 40개 종목 미만 시 즉시 조건 충족 종목 추천 및 진입
자금 비중	한 종목당 평균 2.5%, 한 분할 매수(한 수익 톱니바퀴)당 1.0%
자금 회전	수익 실현 후 회수 자금으로 후속 종목 또는 후속 분할 매수 즉시 진입

버튼 하나로 움직이는
수익 구조의 탄생

투자에는 두 부류의 사람이 있다.

➜ 시장에 끌려다니는 사람,

➜ 그리고 시장을 구조화한 사람.

나는 처음부터 후자였던 사람이 아니다.

뉴스에 흔들려 사고,

지인의 말 한마디에 덜컥 팔았다.

고점에 추격 매수하고,

하락장에서 공포에 손절하고,

돌아온 건 언제나 후회와 자책, 그리고 메말라 가는 계좌뿐이었다.

'장기 투자'라는 말에 기대어 수년을 버텼고,

'가치주'라는 이름에 매달려 고통을 견뎠다.

그러나 시간은 돌아오지 않았다.

오직 구조가 없다는 진실만 남았다.

✅ 왜 한국 시장에서 장기 투자가 통하지 않는가?

"주식은 결국 우상향한다."

"길게 가져가면 언젠가는 회복된다."

이 말은 미국 시장에서는 어쩌면 통할 수 있다.

하지만 한국 시장은 다르다.

- 최근 코스피가 신고가를 4년 3개월 만에 갱신하였지만

- 시총 상위주조차 수년간 박스권을 맴돌고 있고

- 배당보다 낙폭이 더 큰 종목이 허다하며

- 실적보다 테마와 이슈가 주가를 움직인다.

- 정치·정책·SNS 한 줄에도 방향이 바뀌는 시장

이런 구조에서의 장기 보유는

수익이 아니라 손실을 견디는 인내 게임이다.

나는 그 현실을 실전에서 뼈저리게 경험했고,

무너진 계좌를 되살리기 위해

기다리면서도 수익이 돌아가는 구조를 만들기 시작했다.

☑ 손절 없는 투자는 가능한가?

결론은 분명하다.

가능하다. 단, 감정을 제거한 구조 안에서만.

손절 없는 전략이란, 무작정 버티는 게 아니다.

➜ 처음부터 손절할 일이 없도록 설계된 시스템이어야 한다.

- 물려도 살아 나올 수 있는 종목만 선택하고

- 회복할 수 있는 흐름을 구조화하며

- 진입은 과도한 비중을 피하고

- -10% 하락 시마다 분할 매수로 리스크를 분산

- +10% 상승 시마다 각 분할 매수분 기계적 매도

- 매도로 회수된 자금은 즉시 재투자

이렇게 설계하면 손실을 버티는 게 아니라,

기다리는 동안 수익이 돌아가는 구조가 작동한다.

감정이 아닌 시스템,

투기가 아닌 구조화된 루틴이 수익을 만든다.

⏱ 나는 8년 동안 12번의 깡통을 겪었다.

이 책은 그 쓰라린 실패들이 만들어 낸 전략의 집대성이다.

6만 건 이상의 실매매, 600만 개 이상의 차트 분석,

수많은 손절과 반등 실패 속에서 나는 깨달았다.

"감으로 되는 시장은 없다.

루틴 없이 반복되지 않으면 반드시 무너진다.

살아남으려면, 버튼 하나로 반복되는 구조가 있어야 한다."

⏱ 이 책은 바로 그 구조를 설명한다.

'기다리면서도 돈을 계속 버는 시스템', 줄여서 기돈시는

➜ 실전에서 살아남기 위해 내가 직접 설계했고

➜ 수없이 부딪히며 다듬은 생존 전략의 결정체다.

2025년 1월, 나는 이 전략을 바탕으로

'돈벼락 투자자문(www.donbr.com)'을 처음 출시했다.

하지만 사용자들은 말했다.

"좋긴 한데… 초보자에겐 너무 어렵습니다."

그래서 나는 다시 질문했다.

➜ 어떻게 하면 누구나 쉽게

➜ 예측도 분석도 없이

➜ 분할 매수, 분할 매도 알림을 실시간으로 받을 수 있고

➜ 버튼 하나로 구조가 작동하게 만들 수 있을까?

그 답은 2025년 11월에 나왔다.

기존 구조는 유지하되, 훨씬 더 쉽게 업그레이드하여

'스핀스탁(www.spinstock.co.kr)'이라는 이름으로 완성했다.

이제는 누구나, 주식 투자를 잘 못하는 왕초보도

➜ 하루 몇 번, 핸드폰 터치로 단 30초

➜ 단순한 핸드폰 몇 번의 터치만으로

➜ 수익이 기계처럼 반복되는 구조를 활용할 수 있게 되었다.

이 책은 단순한 투자 이론서가 아니다.

실전에서 매일 작동 중인 시스템의 철학과 작동 방식,

그리고 그것을 루틴화하는 매뉴얼이 담긴 살아 있는 전략서다.

✅ 버튼 하나면 충분하다.

"버튼만 누르면 수익이 돌아간다."라는 말은

➜ 단지 마케팅 문구가 아니다.

그 안엔

 - 반복 가능한 수익 구조,

 - 톱니바퀴처럼 기계적으로 회전하는 자금 흐름,

 - 감정이 배제된 매매 기준,

 - 그리고 무엇보다 실전에서 검증된 결과가 담겨 있다.

기돈시는 세 가지 투자 철학을 기반으로 작동한다.

 - 분산: 40개 종목으로 포트 구성

 - 분할: -10% 간격의 4회 분할 매수

 - 분리: 100개의 독립된 포지션이 톱니바퀴처럼 회전

수익이 발생하면 기계적으로 분할 매도하고,

매도된 자금은 곧바로 다음 후속 종목 또는 후속 분할 매수로 진입된다.

➜ 이 모든 흐름은 단 하나의 버튼으로 연결된다.

➔ 당신이 할 일은, 판단하고 눌러 주는 것뿐이다.

☑ 예측이 아니라 재현이다.

이 책은 더 많은 정보나 분석 능력을 요구하지 않는다.

➔ 감이 아닌 구조,

➔ 운이 아닌 반복,

➔ 예측이 아닌 재현 가능한 전략을 말한다.

기준을 만들고,

구조를 반복하고,

실행을 습관화하라.

예측하지 마라.

판단하라.

➔ 그리고, 버튼을 눌러라.

☑ 이제, 당신의 계좌가 바뀔 차례다.

이 책은 이론이 아니다.

➔ 실전에서 살아남은 한 투자자의 실행 매뉴얼이다.

나는 12번의 깡통을 겪으며 깨달았다.

➔ 계좌가 무너지지 않으려면 감정이 아니라 구조가 필요하다는 것을.

➔ 단발성 수익이 아니라,

계속 돌아가는 수익 시스템이 계좌를 키운다.

당신의 계좌는 지금 어떤 상태인가?

  - 멈춰 있는가?

  - 흔들리고 있는가?

  - 손실을 견디기만 하고 있는가?

이제 다시 돌릴 시간이다.

➜ 그리고 그 시작은, 당신의 손끝에 있다.

버튼을 눌러라.

그 순간,

수익은 다시 돌아가기 시작할 것이다.

2부 '기다리면서도 돈을 계속 버는 시스템 (기돈시)'의 탄생

1부

한국 시장,
'장기 투자'라는
미신을 버려라

1부는 '한국 시장에서도 장기 투자가 통할 것'이라는 착각을 깨뜨리는 데 집중한다.

한국 증시는 구조적으로 우상향하지 않으며,

최근 코스피 신고가 갱신은 SK하이닉스, 삼성전자 등 극소수 종목만 상승하고, 다른 대부분의 종목은 정체이거나 오히려 하락하였다.

좋은 기업이 반드시 좋은 주식이 되는 것도 아니다.

배당, 가치, 우량주에 기대며 기다리는 동안

➜ 기회비용은 사라지고 계좌는 제자리걸음을 반복한다.

한국 시장에서는 흐름과 구조에 따라 움직이는 단기 매매(Swing)만이 살아남는다.

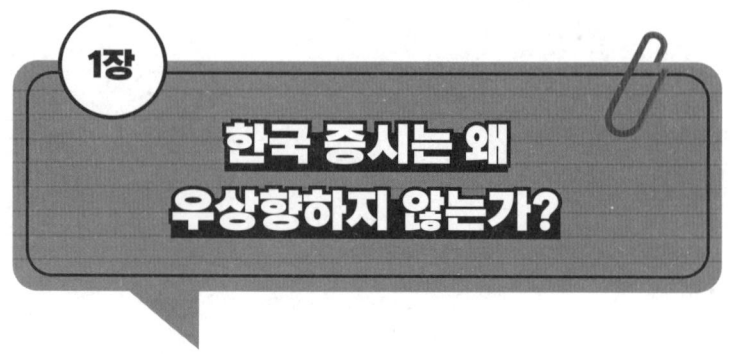

1장 한국 증시는 왜 우상향하지 않는가?

한국 증시는 '시간이 약'이라는 믿음이 통하지 않는 시장이다.

경제 성장과 별개로 주가는 오랜 기간 박스권에 머물렀고,

미국과 같은 우상향 구조를 기대하는 순간 손실이 시작된다.

한국 시장의 구조적 한계를 정확히 이해해야만

➔ 버티는 투자가 아니라 돌아가는 구조의 투자로 나아갈 수 있다.

'시간이 약'이라는 착각

"시간이 약이다."

하락장이 올 때마다 투자자들이 스스로에게 되뇌는 말이다.

"버티면 언젠가는 회복된다."

"장기적으로 보면 결국 오른다."

"잃지만 않으면 수익은 언젠가 따라온다."

하지만 나는 단언한다.

한국 시장에서 "시간이 약이다."라는 말은 치명적인 착각이다.

그 착각은 계좌를 천천히, 그러나 확실하게 무너뜨린다.

☑ 한국 시장은 장기 우상향 구조가 아니다.

미국 시장은 다르다.

- S&P500, 나스닥 모두 수십 년간 꾸준한 우상향

- 혁신하는 기업들, 장기 자금 유입, 시장의 진화

➜ 미국 시장에선

'시간 = 성장 = 수익'이라는 공식이 통한다.

그러나 한국 시장은 구조가 다르다.

- 최근 코스피가 극소수 종목에 의하여 신고가를 갱신하였지만,

- 대부분의 종목이 장기 박스권에서 벗어나지 못하고

- 대형주는 상승 후 하락, 하락 후 횡보의 반복

- 기업들은 유사한 업종과 제품, 좁은 시장에 갇혀 있다.

이런 구조에선 시간이 약이 아니라,

'횡보와 기회비용을 쌓아 두는 독'이 된다.

☑ 실제 데이터를 보자: 지수도 계좌도 제자리걸음이다.

코스피: 2012년 1,997p ➜ 2024년 2,399p

➜ 12년간 고작 20% 상승

➜ 연평균 상승률: 1.67% 불과

현대차: 2012년 218,500원 ➜ 2024년 212,000원

➜ 실적은 성장했지만, 주가는 제자리

➜ 기업 가치가 아닌 '수급'에 따라 움직인 결과

최근 코스피가 극소수의 종목에 의해 신고가를 갱신하였지만,

대부분의 종목은 장기적으로 우상향하지 않았다.

이것이 한국 시장의 냉정한 현실이다.

ⓒ 왜 한국 주식은 기다린다고 오르지 않는가?

답은 '시장 구조'에 있다.

한국 시장은 기업 가치보다 '수급 타이밍'으로 움직인다.

외국인 자금의 유입과 이탈

기관의 펀드 운용 전략

정부 정책, 금리 변화, 언론 보도

➡ 이런 외부 요인이

기업 실적보다 훨씬 빠르고 강하게 주가를 흔든다.

따라서 "시간이 해결한다."라는 믿음은

시장 구조를 잘못 읽은 결과다.

ⓒ 장기 보유 전략은 한국 시장에서 실패하기 쉽다.

많은 투자자가 "길게 들고 있으면 언젠가는 회복된다."라는

믿음으로 장기 보유를 시도한다.

그러나 현실은 다르다.

기업이 망하지 않아도, 실적이 좋더라도,

➡ 주가는 오르지 않을 수 있다.

왜?

- 시장 전체가 우상향하지 않기 때문이다.

- 개별 종목은 수급과 이슈에 휘둘리기 때문이다.

- 산업의 생명 주기가 짧기 때문이다.

결국, 장기 보유는 수익이 아니라, 손실을 견디는 구조가 된다.

☑ 기다리는 동안 쌓이는 것: 기회비용과 구조적 손실

한국 투자자들은 '존버'와 '물타기'라는 말을 자주 쓴다.

하락할수록 더 사서 평균 단가를 낮추고

회복을 기다리며 오랜 시간 보유한다.

하지만 기업이 본질적으로 회복하지 않고

한국 주식시장 상황과 맞아떨어지지 않으면,

3년, 5년, 10년이 지나도 주가는 돌아오지 않는다.

그사이에 다른 종목의 기회를 놓치고,

자금은 묶이고, 심리는 소진되며, 계좌는 점점 고착화된다.

기다림은 전략이 아니다.

기다림에 '구조'가 없으면 그것은 투기가 된다.

☑ 감정이 만들어 낸 미신: "언젠가는 올라온다."

사람은 손실을 확정 짓는 순간을 가장 두려워한다.

그래서 '손절' 대신 '기다림'을 택한다.

그리고 이렇게 말한다.

"지금은 아니지만, 언젠가는 올라올 거야."

이 말은 불안을 잠시 덮고, 손실을 외면하게 만들며,

행동을 유예시키는 장치가 된다.

그러는 사이 계좌는 방치되고, 포트폴리오는 고립되고,

복구 가능성은 점점 줄어든다.

결론: 시간은 구조 위에서만 의미가 있다.

한국 시장에서 기다림 자체는 전략이 될 수 없다.

기다리려면

무엇을, 언제, 어떻게 기다릴지에 대한

명확한 구조와 기준이 있어야 한다.

수익이 반복되려면 시간이 아니라,

설계된 전략과 실행 가능한 시스템이 필요하다.

당신이 지금 들고 있는 종목이

향후 3년간 구조적으로 성장할 가능성이 없다면,

그 종목을 아무리 오래 들고 있어도

수익은커녕 회복도 어려울 수 있다.

시간은 약이 아니다.

시간은 구조 위에서만 약이 된다.

그 구조 없이 기다리는 사람은

수익이 아니라, 손실을 기다리는 중이다.

주식은 우상향, 한국은 예외

"주식은 결국 우상향한다."

오랫동안 시장에서 통용된 말이다.

많은 투자 서적과 강의에서도 이 말은 진리처럼 반복된다.

"미국 증시는 200년 동안 우상향했다."

"시장을 이기는 투자자는 없다. 그냥 시장에 장기 투자하라."

"지수 ETF만 사서 모아라. 언젠간 반드시 수익이 난다."

그 말, 맞다. 단, 미국 시장 이야기다.

한국 시장은 예외다.

✅ 한국 시장의 구조는 미국과 전혀 다르다.

미국은 구조적으로 우상향할 수밖에 없다.

국가 전체가 혁신 중심,

기업들이 끊임없이 새로운 시장을 만들어 낸다.

장기 자금이 ETF, 연금, 기관을 통해 안정적으로 공급된다.

정기적 배당, 자사주 매입, 성장 투자 유도

➜ 시장은 매년 리빌딩되고,

➜ 실적이 아니라 시장 구조가 우상향한다.

반면 한국은 어떠한가?

산업 구조: 자동차, 철강, 반도체, 조선 등 경기 민감 업종 중심

경쟁 구조: 동일 업종, 동일 제품, 수출 의존도 높음

정책 구조: 정부·언론·외국인 수급이 시장의 방향성을 결정

➜ 기업 실적보다 수급 이벤트가 주가를 좌우한다.

➜ 즉, 시장은 우상향하지 않고,

외부 변수에 따라 '출렁이는' 구조다.

✅ 시총 상위 종목을 보면 더욱 분명해진다.

1 삼성전자

- 2018~2021년 초까지 상승, 이후 4년간 하락

- 2017년과 2025년 중반 주가가 5만 원대로 비슷, 수익률 정체

- 2025년 10월, 4년 9개월 만에 2021년 1월 고가를 갱신

2 네이버·카카오

- 코로나19 팬데믹으로 급등 후 급락

- 이후 반등하지 못하고 정체

➜ 우상향 대신 사이클 반복

➜ 성장이 멈추면 주가도 멈춘다.

☑ 미국은 '시간이 돈이 되는 시장', 한국은 '타이밍이 돈이 되는 시장'

1 미국에서는

- 돈을 맡기고 기다리면

- 기업이 성장하고, 시장이 키우고,

- 주가가 올라간다.

시간 = 복리

2 한국에서는

- 돈을 맡기고 기다리면

- 산업은 침체되고, 규제가 덮이고, 수급이 빠지고,

- 주가는 횡보하거나 하락한다.

시간 = 기회비용

☑ '기다리면 오를 것'이라는 공식이 통하지 않는 시장

한국 시장은

- 우상향이 아니라

- 반복되는 테마 장세 + 정책 장세 + 수급 장세로 구성돼 있다.

➜ 오를 종목만 오르고, 나머지는 가만히 있거나 떨어진다.

➜ '시장 전체'에 장기 투자한다는 전략은 작동하지 않는다.

☑ 장기 투자자는 결국 '정체된 계좌'의 주인이 된다.

기다린다고 반드시 올라오는 시장이 아니라면, 묻자.

"그 기다림은 무엇을 바탕으로 하고 있는가?"

구조도 없고, 기준도 없고, 전략도 없는 '기다림'이라면

그건 계좌를 정지 상태로 두는 것과 같다.

➜ 그 사이 시장은 몇 번이나 기회를 줬고,

➜ 빠르게 진입하고 빠르게 수익을 실현한 사람은

계좌를 계속 회전시켰다.

> ✓ 한국 시장에선 '빠르게, 정확하게, 반복적으로' 움직여야 한다.

한 종목을 오래 들고 가지 않는다.

하락 리스크는 분산하고,

반등할 때마다 이익을 실현하며 종목을 계속 회전시킨다.

➜ 수익은 오래 기다리는 자가 아니라,

회전시켜 반복하는 자에게 온다.

결론: '주식은 우상향'이라는 말에 갇히지 마라.

주식은 우상향한다.

그 말은 시장에 따라 다르게 해석돼야 한다.

미국은 우상향한다.

➜ 그 구조가 있으니까.

한국은 아니다.

➜ 우상향하지 않는 구조이기 때문이다.

그렇다면 우리에겐 '우상향을 기대하는 전략'이 아니라,

'흐름을 반복하는 구조'가 필요하다.

당신이 아직도 '기다리면 오른다.'라는 생각에

장기 보유만 고집하고 있다면,

그건 한국 시장뿐만 아니라, 계좌도 오해하고 있는 것이다.

> ➜ 한국은 예외다.
> ➜ 한국에선 구조가 곧 수익이다.

 3

국가 경제와 주가가 따로 노는 구조

많은 투자자가 이렇게 생각한다.

'대한민국 경제가 성장하면 주가도 오른다.'

'기업 실적이 좋아지면 자연스럽게 주가도 반영된다.'

'국가 경쟁력이 올라가면 주식시장도 강해질 것이다.'

그러나 현실은 그렇지 않다.

한국은 국가 경제와 주가가 일치하지 않는 시장이다.

즉, 실물경제의 성장 ≠ 주가 상승

이 불일치 구조를 이해하지 못하면

계속해서 타이밍을 놓치고, 잘못된 기대감에 갇혀

정체된 계좌를 평생 들고 있게 된다.

✅ 실물경제는 커졌는데 왜 내 계좌는 그대로인가?

한국의 GDP는 꾸준히 증가해 왔다.

1인당 국민소득도 상승했고, 수출은 증가하고,

기업 실적도 과거보다 안정화됐다.

하지만 주가는?

　- 대형주는 박스권

- 시총 상위주는 반복적인 급등락

- 지수는 정체

- 개인 투자자는 손실 반복

➜ 국가가 성장하는데, 주식은 왜 못 오른다는 것인가?

✅ 이유는 '시장 구조의 왜곡' 때문이다.

한국 주식시장은

실물경제와 동조하지 않는 구조적 문제를 갖고 있다.

주된 요인은 다음과 같다:

1 외국인 중심의 수급 구조

- 한국 시장의 시총 비중 약 30~35%는 외국인이 보유

- 외국인의 매수·매도 타이밍에 따라 지수가 좌우됨

- 기업 실적과 무관하게 '환율', '정치 리스크', '글로벌 경기'에 따라 매매 결정

➜ 기업은 성장했지만, 외국인이 팔면 주가는 빠진다.

2 기관 중심의 단기 수익 구조

- 국민연금, 운용사, 보험사 등

- '장기 투자'가 아닌 '분기 실적 중심'

➜ 수익률 관리가 우선

- 반등 초기엔 사지 않고

- 추격 매수하거나 수익이 나면 바로 이탈

➜ 실적이 좋아도 주가가 반응하지 않는다.

3 공매도·정책·언론의 과도한 영향력

- 공매도로 인한 하방 압력

- 정부 규제 발표만으로 급락

- 언론 보도 한 줄에 급등락

➜ 실적이 아니라 심리가 시장을 움직인다.

④ 산업 구조의 편중

- 반도체, 자동차, 철강, 조선 등 경기 민감 업종 위주

➜ 글로벌 경기 영향에 취약

➜ 불황기엔 동반 하락, 회복은 더딤

➜ 실물경제가 안정돼도

산업 구조가 취약하면 주가는 반응하지 않는다.

✅ 한국 시장은 '경제 반영형'이 아니라, '이벤트 반응형'이다.

실적이 좋다고 주가가 바로 오르지 않는다.

그보다 더 중요한 건 "수급이 붙을 만한 이벤트가 있느냐?"이다.

- 정책 모멘텀

- 외국인 매수 유입

- 특정 섹터에 대한 기대감

➜ 이게 있어야 주가가 반응한다.

➜ 국가 경제와 주가는 따로 논다.

그래서 더더욱 '시장을 구조로 읽어야!' 한다.

✅ 당신의 계좌가 올라가지 않는 이유는 '경제를 믿어서'다.

"기업 실적도 좋고,

산업 전망도 괜찮은데 주가는 왜 안 오르지?"

그 질문을 되풀이하면서 계좌는 멈춘다.

➜ 지금 필요한 건 실적 분석이 아니다.

➜ 지금 필요한 건

시장에서 수익이 나는 구조가 무엇인지 보는 눈이다.

결론: 한국 주식은 경제가 아니라 흐름이 만든다.

경제가 성장하면 주가가 오를 것이라는 기대는
이론적으로는 맞지만, 한국 시장에선 통하지 않는다.
실물경제와 주가가 연결되지 않는 이 시장에서
우리가 기대야 할 것은 경제가 아니라 구조다.

    – 지금 돈이 어디로 들어오고 있는가?

    – 지금 흐름이 어느 종목으로 이동하고 있는가?

    – 지금 수익이 반복되고 있는 구조는 무엇인가?

➜ 이 질문을 기준으로 계좌를 세팅해야 한다.

한국 시장에서
"경제는 좋아지는데 왜 주가가 안 오르지?"
라는 질문은 이제 버려야 한다.
주가가 올라가는 건 실적이 아니라 수급이고,
계좌를 움직이는 건 경제가 아니라 전략이다.

현실을 직시해야 수익이 보인다

투자를 시작하는 사람들에게 "주식은 결국 오릅니다."라는 말은
가장 위험한 위로이자, 가장 흔한 착각이다.
실제로 많은 투자자가
"좋은 기업이면 언젠가는 오른다."
"시간이 해결해 준다."

"시장에 오래 있으면 수익은 따라서 온다."

는 식으로 스스로를 설득하며

현실이 아닌 이상을 바라보며 매매를 한다.

하지만 나는 단언한다.

지금 한국 시장에서 수익을 내려면, 먼저 '현실'을 직시해야 한다.

☑ 한국 시장은 이상적인 시장이 아니다.

경제 교과서에서는 이렇게 말한다.

- 시장은 효율적으로 작동한다.

- 정보는 가격에 반영된다.

- 기업 가치가 주가를 결정한다.

하지만 현실은 다르다.

한국 주식시장은 효율적이지 않다.

감정적이고, 편향되어 있으며, 비이성적인 구조로 움직인다.

그런데 많은 투자자는

여전히 교과서적인 사고방식을 갖고

현실에 맞지 않는 전략을 반복한다.

➜ 이 괴리는 수익을 막는 가장 큰 장벽이다.

☑ 수익은 기대가 아니라 '현실 대응'에서 나온다.

현실이란 무엇인가?

① 지수도 개별 종목도 장기적으로 제자리걸음이 많다.

- 10년 전보다 주가는 오히려 낮거나 정체

- 성장 산업이라도 주가는 외면한다.

➜ 반도체, 바이오, 콘텐츠 등

② 기대가 클수록 급등락은 더 심해진다.

③ 실적이 좋아도 수급이 빠지면 주가는 하락한다.

➜ 기업 가치보다 자금 흐름이 우선이다.

④ 장기 보유는 계좌를 정지 상태로 만든다.

➜ 기다림은 구조가 없을 때 손실로 변한다.

➜ 이 모든 현실을 인정하지 않으면

당신의 전략은 '이상적 실패'로 귀결된다.

☑ '좋은 기업'이 반드시 '좋은 투자처'는 아니다.

많은 사람이 기업 분석에 집중한다.

실적, PER, PBR, 매출 성장률, ROE….

전부 중요하다. 하지만 그것만으로는 충분하지 않다.

왜? 시장은 논문이 아니라 돈이 움직이는 곳이기 때문이다.

➜ 실적이 좋아도 주가가 빠지는 이유는

그 기업에 수급이 빠지고 있기 때문이다.

➜ 수익을 내려면 기업 분석보다

먼저 시장 구조와 흐름을 읽어야 한다.

☑ '현실'을 직시한 투자자만이 구조를 만든다.

현실을 받아들이는 순간, 전략은 바뀐다.

"장기 보유 전략은 위험하다."

"모멘텀 중심의 회전이 필요하다."

"수익은 구조적 진입과 이탈로 관리돼야 한다."

"계좌는 방치가 아니라 반복으로 유지된다."

➜ 이 깨달음이 생기면 당신의 투자 루틴은 이렇게 바뀐다.

1) 손절 없는 구조 설계

2) 분산 진입, 분할 매수, 분리 포트폴리오

3) 각 분할 매수 목표 수익률 달성 시 기계적 매도

4) 분할 매도 후 회수 자금으로 다른 종목 분할 매수

5) 개별 종목 전량 매도 후 다른 후속 종목 즉시 재진입

6) 하루 10분 점검으로 흐름 유지

➔ 이것은 현실 기반의 투자 구조다.

✅ 현실은 냉정하지만, 구조는 따뜻하다.

시장은 차갑다. 그러나 구조는 따뜻하다.

왜냐하면,

구조는 예측을 줄이고,

감정을 없애며,

실행만 남겨 두기 때문이다.

　- 시장이 흔들려도

　- 뉴스가 터져도

　- 업종이 바뀌어도

당신의 계좌는 구조 안에서 반복되면서 수익을 낸다.

이 반복이 쌓이면, 당신은 시장이 아닌

'구조의 힘'으로 계좌를 이기게 된다.

결론: 착각은 계좌를 무너뜨리고, 현실은 계좌를 살린다.

지금 당신이 실패하고 있다면 전략이 틀려서가 아니다.

현실을 회피하고 있기 때문이다.

"기다리면 오른다."

"좋은 종목은 버티면 된다."

이런 말은 이상은 될 수 있어도 실전에서는 적용되기 어렵다.

이제 이상을 내려놓고 현실 위에 전략을 올려야 한다.

➔ 그래야 수익이 생긴다.

➔ 그래야 계좌가 살아난다.

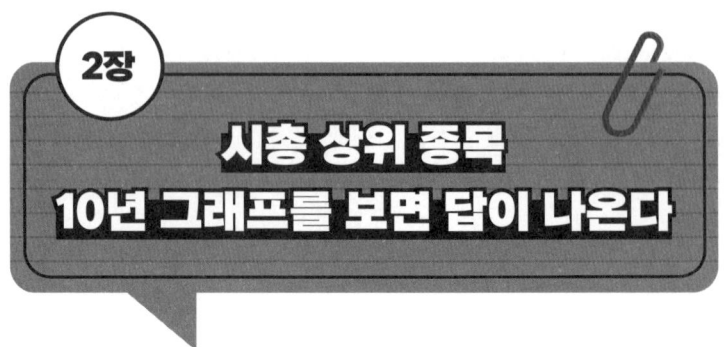

시가총액 상위 종목도 10년간 제자리걸음이었다는 사실은

'좋은 기업 = 좋은 투자'라는 착각을 무너뜨린다.

배당보다 중요한 건 자금이 실제로 불어나는 시세 차익 구조다.

주가는 기업이 아니라 시장 흐름과 수급에 반응한다는 현실을 직시해

야 한다.

➜ 미래가 아닌, 지금 움직이는 구조 속에서 수익을 만들어야 한다.

삼성전자, 현대차도 10년 제자리

많은 투자자가 이렇게 말한다.

"삼성전자만 사면 된다."

"현대차는 망하지 않으니 길게 가져가면 수익이 난다."

"시총 상위주는 결국 오르기 마련이다."

과연 그럴까?

지금부터 한국 주식시장의 현실을

데이터로, 그래프로, 직접 확인해야 한다.

결론부터 말하자면,

시총 상위주조차도 10년간 계좌를 올려 주지 못했다.

성장한 건 기업의 매출이었지만, 움직이지 않은 건 주가였다.

⊘ 삼성전자: '국민주'라 불리지만, 국민 계좌를 지켜 주지 못했다.

삼성전자는 한국의 대표 기업이다.

세계적인 반도체 경쟁력을 갖췄고, 실적도 좋고, 배당도 늘었다.

그런데 10년간의 주가 흐름을 보면, 생각보다 초라하다.

2014년: 26,540원

2021년 고점: 96,800원

2024년: 53,200원(10년간 100% 상승)

2025년 10월: 4년 9개월 만에 2021년 1월 고가를 갱신

➜ 2021년 고점 대비 -45%까지 하락 후 반등

➜ 장기 보유자의 실질 수익률은 미미하거나 역행

게다가 코로나19 사태 이후 집중 매수한 투자자 대부분은

4년 만에 손실 구간에서 벗어났다.

⊘ 현대차: 글로벌 기업인데 왜 주가는 못 움직였는가?

현대차 역시 대한민국을 대표하는 글로벌 제조업체다.

전기차 전환에도 앞섰고, 수출 실적도 늘었고,

브랜드 가치도 상승했다.

그런데 주가는?

2014년: 169,000원

2024년: 212,000원(10년간 25% 상승)

➜ 실적은 성장했지만, 주가는 제자리

(인플레이션 고려 시 오히려 하락)

왜일까?

주가가 기업 가치만 따라 움직이지 않기 때문이다.

✓ 시총 상위주: 안정성은 줄 수 있어도 수익은 보장하지 않는다.

많은 투자자가 이렇게 착각한다.

"시총이 크니까 안정적이다."

"우량주는 결국 올라온다."

하지만 '안정성'과 '수익성'은 전혀 다른 개념이다.

안정성 = 덜 흔들린다.

수익성 = 계좌를 성장시킨다.

➜ 삼성전자와 현대차의 10년 흐름을 보면

안정성은 있었지만, 수익성은 없었다.

✓ 성장보다 수급이 움직이는 시장

문제는 이들 기업의 실적은 꾸준히 좋아졌다는 것이다.

삼성전자: 반도체 매출 글로벌 1위 달성, 배당 증가

현대차: 친환경 차 전환 가속, 실적은 사상 최대치 경신

그런데도 주가는 오르지 않았다. 왜?

➜ 이유는 한국 시장의 구조 때문이다.

한국 주식은

   - 수급이 들어와야 오르고

   - 수급이 빠지면 실적이 좋아도 무너진다.

즉, 좋은 기업 = 좋은 투자처가 아니다.

☑ 장기 보유의 환상에서 깨어나야 한다.

삼성전자와 현대차조차

10년을 보유해도 수익이 잘 안 났다.

그렇다면 다른 기업은 더 말할 것도 없다.

"괜찮은 종목을 골라 장기 보유하면 수익이 난다."

라는 말은 미국 시장에서나 통할 수 있는 전략이다.

한국에선

　　- 수급 타이밍을 잡아야 하고,

　　- 반복 가능한 구조를 갖춰야 하며,

　　- 계좌를 회전시켜야 수익이 난다.

☑ 한국 시장에서는 우상향을 믿지 마라.

한국 시장에서 "좋은 종목을 오래 들고 가자."라는 전략은 위험하다.

대신,

　　- 조건이 맞을 때 진입하고

　　- 하락 시 분할 매수로 대응하고

　　- 일정 수익률에서 기계적 매도로 수익을 실현하고

　　- 개별 종목 매도 후 새로운 기회를 반복적으로 찾는다.

➜ 한 종목에 기대지 않고, 수익이 나면 떠나고,

다음 기회를 회전시키는 전략을 사용해야 한다.

결론: 10년을 버텨도 오르지 않은 주식은 버티는 것이 아니다.
**　　　멈춰 있는 것이다.**

지금도 수많은 투자자가

"삼성전자니까 괜찮아."

"현대차는 결국 올라."

"장기적으로 보면 다 이긴다."

이런 말에 위로를 받으며 10년 전과 똑같은 실수를 반복하고 있다.

그러나 현실은 이렇게 말한다.

"10년을 버텨도 오르지 않은 주식은

그 자체로 이미 답을 말하고 있다."

➔ 기다리지 말고 구조를 만들어라.

➔ 기대하지 말고 반복을 설계하라.

➔ 믿지 말고 시스템으로 움직여라.

배당보다 중요한 시세 차익

"배당이 있으니 괜찮아."

"우량주는 배당만 받아도 손해는 아니다."

"장기 보유하면 배당이 복리처럼 쌓인다."

많은 투자자가 하락장에서도 이런 말을 하며 위로를 찾는다.

특히 삼성전자, SK텔레콤, KT&G 같은 고배당 종목을 들고 있는 사
람일수록 배당을 수익의 대체재처럼 착각하는 경우가 많다.

그러나 나는 단언한다.

한국 시장에서는 '배당'만으로 수익을 만들 수 없다.

실제로 돈을 버는 건 배당이 아니라,

시세 차익, 즉 '가격의 움직임'이다.

☑ 배당으로 돈을 벌 수 있다?: 단기적 착각일 뿐

많은 기업이 연 2~5% 수준의 배당을 지급한다.

삼성전자, 포스코, KT&G 같은 배당 우량주들이 대표적이다.

겉보기에는 '고정적인 현금 흐름'이 있어 안정적으로 보인다.

하지만 문제는 주가가 하락하면,

배당으로는 손실을 메울 수 없다는 것이다.

연 배당 4%

주가 하락 -15%

➜ 순손실 -11%

➜ 배당은 그대로인데

➜ 시세가 무너지면 계좌도 같이 무너진다.

☑ 주가가 오르지 않으면 배당은 수익이 아니라 환상이다.

배당은 절대 '손실 방어 수단'이 아니다.

배당이 아무리 높아도

주가가 하락하면 전체 수익률은 마이너스다.

예를 들어 보자:

POSCO홀딩스: 연 배당 약 5%

'23년 7월 고점(76만 원)' → '25년 7월 현재가(31만 원)'

➜ 고점 대비 약 -59% 손실

➜ 2년간 배당받아도 본전 회복 불가

즉, 배당은 단기적 현금이 될 수는 있어도

계좌를 성장시키는 힘은 아니다.

☑ 배당은 '보너스'이지 '핵심 수익'이 아니다.

배당을 전략의 중심에 두지 않는 이유는 단순하다.

배당은 연 1~2회 지급, 액수는 고정 혹은 미미함

시세 손실이 발생하면 복구 불가

배당락 반영으로 배당 직후 주가가 하락하는 경우가 다수

➡ 종합하면, 배당은 계좌 성장에 기여하지 못한다.

☑ 수익의 핵심은 '움직임'이다.

한국 주식시장에서 실질적으로 수익을 만드는 방법은 딱 하나다.

'움직이는 종목에 올라타고,

그 움직임이 끝나기 전에 나오는 것'

이게 바로 시세 차익 전략이다.

턴어라운드 종목 급등 전 저점 분할 매수

각 분할 매수분 일정 수익 시 분할 매도로 수익 실현

개별 종목 매도 후 후속 종목 진입으로 자금 회전

➡ 이 흐름이 반복되면

➡ 배당보다 훨씬 빠르고 크게 수익을 만들 수 있다.

☑ 배당에 안주하면 계좌는 정지된다.

배당에 만족한 투자자의 포트는 이렇게 된다.

움직임 없는 종목 위주, 수익보다 안정성 우선,

보유 기간 길어짐, 자금 회전 없음

➡ 기회비용은 커지고, 계좌는 정체된다.

배당에 의존하는 순간

계좌는 멈추고, 투자자는 느려진다.

✅ 한국 시장에선 시세 차익 중심의 구조를 만들어라.

다음의 투자 방식을 추천한다.

1) 배당을 계산하지 않는다.

2) 종목은 수익성과 회전성 기반으로 고른다.

3) 진입은 흐름 기준

4) 매도는 수익률 기준

5) 자금은 지속적으로 회전시킨다.

➜ 이 구조 안에서 배당은 '없어도 되는 것'이다.

왜냐하면, 구조 자체가 현금 흐름을 자동으로 만들어 내기 때문이다.

➜ 배당은 안전할 수는 있지만, 수익을 반복하지 못한다.

➜ 시세 차익은 움직이는 구조 속에서 반복된다.

결론: 배당을 기대하지 말고, 수익을 설계하라.

한국 시장에서는 배당이 계좌를 불려 주는 도구가 될 수 없다.

오히려 배당에 안주하는 순간

기회를 잃고, 타이밍을 놓치고, 계좌는 멈춘다.

수익을 원한다면,

배당을 기다리지 말고

움직이는 종목 안에서 반복 가능한 수익 구조를 만들어라.

그 구조가

배당보다 훨씬 강한 자산의 복리를 만들어 줄 것이다.

3 주가 흐름이 멈춘 이유

많은 투자자가 한 가지 착각을 한다.

"좋은 기업이면 주가도 계속 오를 것이다."

"실적이 좋아졌으니 이제는 오르겠지."

"버티면 언젠가는 흐름이 다시 살아난다."

그러나 현실은 다르다.

주가의 흐름은 멈춘다.

그리고 한번 멈춘 주가는 아주 오랜 시간 다시 움직이지 않는다.

왜 주가는 멈추는가?

왜 실적이 좋아도 주가는 안 움직이는가?

왜 흐름은 사라지고, 계좌는 정체되는가?

이 절에서는 그 이유를 정확하게 짚고 간다.

⊘ 흐름은 자연스럽게 오지 않는다.

시장은 매일 변한다.

하지만 개별 종목의 흐름은 매일 오지 않는다.

특정한 조건이 갖춰졌을 때만 '움직임'이 생긴다.

그리고 그 조건이 사라진 순간, 주가는 '멈춘다.'

  - 실적 발표가 끝나고

  - 이슈가 소멸되고

  - 수급이 빠지고

  - 기대감이 사라지면

➔ 주가는 방향을 잃고,

횡보하거나 하락하거나 정지 상태에 들어간다.

☑ 흐름이 멈추는 구조적인 4가지 이유

① 수급의 이탈

주가를 움직이는 건 실적이 아니라 자금이다.

외국인, 기관, 대형 자금이 이탈하면

아무리 좋은 기업도 주가는 움직이지 않는다.

　- 삼성전자, 현대차, 신한지주, 한국전력

➜ 실적은 좋아졌지만, 수급 이탈 시 주가는 정체

② 기대감 소멸

급등은 기대감으로 시작된다.

하지만 그 기대가 현실로 바뀌면?

➜ 기대는 사라지고,

➜ 투자자는 흥미를 잃고,

➜ 주가는 멈춘다.

③ 모멘텀 부재

테마, 정책, 업황 변화 같은 '모멘텀'이 없다면 주가는 정지한다.

아무리 실적이 좋아도

모멘텀이 없으면 시장은 그 종목을 보지 않는다.

④ 기업 자체의 사이클 정체

한국의 주력 업종은 대부분 성숙 산업이다.

자동차, 철강, 조선, 반도체….

➜ 이미 시장이 포화되어 있고,

➜ 성장이 더딘 상태

➜ 회사가 성장하지 않으면, 주가도 정체된다.

☑ 멈춘 주식에 돈을 묶는 순간, 계좌는 정체된다.

흐름이 멈춘 주식을 계속 보유하는 건

계좌를 정지 상태로 고정시키는 일이다.

    - 수익은 발생하지 않고

    - 기회비용만 쌓이며

    - 다른 종목에 진입할 여력도 줄어들고

    - 반복 가능한 수익 구조가 끊긴다.

➜ 이게 '흐름이 끊긴 계좌'의 전형적인 모습이다.

☑ 많은 투자자가 실수하는 이유: '흐름이 아닌 기업을 본다.'

'좋은 기업이니까 언젠간 오르겠지.'

'이번엔 실적이 나쁘지 않았어.'

'그래도 이 회사는 망하지 않아.'

➜ 이런 생각은 모두 기업의 본질에 집중한 판단이다.

➜ 그러나 시장은 본질보다 '움직임'을 본다.

움직이지 않는 종목은 좋은 기업이라도 수익을 주지 않는다.

☑ 주가는 실적보다 빠르게 멈춘다.

대부분 종목은 이런 식으로 주가 흐름을 마무리한다.

1) 기대감 상승 → 급등

2) 재료 소멸 → 박스권

3) 수급 이탈 → 정체 또는 하락

4) 투자자 이탈 → 거래량 감소

5) 시장 외면 → 방치

➜ 이후 몇 년간 움직이지 않음

➜ 아무 일도 일어나지 않음

➔ 계좌도 함께 멈춤

☑ '멈추는 종목'을 피하는 전략을 만들어라.

핵심은 '흐름이 살아 있는 종목만 매매한다'는 것이다.

- 조건이 맞고 수급이 살아 있는 종목을 선정
- 단기간 내 반응 가능한 흐름 중심 종목만 선별
- 흐름이 멈추기 전에 매도하고
- 흐름이 살아 있는 종목으로 교체한다.

➔ 멈추는 계좌를 만들지 않기 위한 철저한 회전 구조다.

결론: '멈춘 종목'은 기다리는 것이 아니라 떠나는 것이다.

흐름이 없는 종목은 기다려도 오지 않는다.

분석해도 움직이지 않는다.

버텨도 손해만 늘어난다.

움직이지 않으면, 정리하라.

흐름이 없다면, 떠나라.

흐름이 있는 곳으로 이동하라.

그게 실전이고, 수익이고, 시스템이다.

4
미래 지향이 아닌 현실 투자의 출발점

"앞으로는 좋아질 겁니다."

"다음 분기에는 반등이 나올 겁니다."

"5년 후엔 분명히 성장해 있을 겁니다."

이런 말들은 어쩌면 시장에서 가장 흔하게 들을 수 있는 문장이다.

증권사 리포트, 뉴스, 유튜브 분석 영상….

어디를 봐도 미래는 '낙관'이다.

하지만 현실은 냉정하다.

계좌는 '지금'이 중요하고,

수익은 '지금' 움직이는 종목에서 나온다.

기다리면 된다, 좋아질 거다, 언젠가는 올라온다는 식의

미래 지향적 사고는

당신의 자금을 묶고, 기회를 미루며,

결국, 현실에서 손실을 만들게 한다.

⊘ 주식은 '지금의 흐름'에서 수익이 나온다.

많은 투자자가 '장기 성장성', '산업 전망', '정책 수혜 기대감'에 따라
종목을 고른다.

물론 미래를 보는 시각은 필요하다.

하지만 중요한 건 이거다.

그 종목이 '지금' 움직이는가?

'지금' 거래량이 터지고 있는가?

'지금' 수급이 들어오고 있는가?

'지금' 시장이 반응하고 있는가?

➜ 이 질문에 답이 없다면

당신은 지금 투자하는 것이 아니라,

마냥 기다리고 있는 것이다.

☑ 미래는 계획의 대상이지, 매매의 근거가 아니다.

"AI가 대세니까 AI 관련주를 사야지."

"앞으로는 전기 차 시대니까 2차 전지는 무조건 간다."

"금리 떨어지면 리츠가 반등할 거야."

이런 판단은 전부 미래에 기대고 있다.

그런데 문제는 그 미래가 언제 올지 아무도 모른다는 것.

그리고 그 기대감이 이미 선반영되어

주가는 꺾이고 있을 수도 있다는 것.

➜ 미래에 대한 확신만으로 현재를 매매하면

실제로는 시장을 외면한 채 투자하게 된다.

☑ 한국 시장은 '미래를 사는 시장'이 아니다.

미국 시장은

  - 혁신 기술이 평가받고

  - 미래 가치를 미리 반영하며

  - 장기 투자로 수익을 만든다.

하지만 한국 시장은

  - 테마성 급등 후 급락

  - 기대감 소멸 시 급속 냉각

  - 흐름 중심의 단기 수급 장세 반복

➜ 여기서 미래를 기준으로 매매하면

자신만 낙관적이고, 시장은 이미 떠나 있다.

☑ 지금의 흐름'에 집중하라.

투자 전략은 다음과 같은 질문에서 출발한다.

"지금 이 종목은 왜 움직이고 있는가?"

"이 종목에 어떤 수급이 붙었는가?"

"다른 종목보다 이 종목이 유리한 이유는 무엇인가?"

"이 흐름이 단기간에 수익 구간에 도달할 가능성은 있는가?"

➜ 미래는 참조하되, 매매는 철저하게 현재에 기반해야 한다.

지금 진입이 가능한가?

매수 후 수익 실현 구조가 준비돼 있는가?

지금 진입 시 목표 수익 구간이 현실적인가?

회전 가능한가?

➜ 이 질문에 답하면 계좌는 움직이기 시작한다.

✅ 미래가 아닌 현실에서 수익을 내는 사고법

1 뉴스보다 거래량을 보라.

- 기사에 언급되기 전에 이미 수급은 움직이고 있다.

- 언론이 띄우기 시작했을 땐 이미 고점일 수 있다.

2 기대감보다 시그널을 따르라.

- "좋아질 것이다."보다

- "지금 움직이고 있다."가 더 강력한 근거다.

3 산업 전망보다 자금 흐름을 추적하라.

- 시장은 실적보다 돈을 따라 움직인다.

- 수급이 모이는 곳에 기회가 있다.

✅ '현실 기반 매매'가 수익을 만드는 이유

종목에 대한 확신보다 시그널에 대한 반응이 빠르다.

계획보다 실행 중심의 매매가 가능하다.

실적, 성장성, 이슈에 흔들리지 않고 오직 흐름으로만 판단한다.

➜ 이런 구조를 갖춘 포트폴리오는

'기다림' 없이 반복되고

'기대감' 없이 회전된다.

➜ 결과는? 현실에서 수익이 반복된다.

결론: 주식은 '언젠가'를 기다리는 사람이 아니라, '지금'을 실행하는 사람이 수익을 낸다.

지금 당신의 계좌가 움직이지 않는 이유는

미래를 기다리기 때문이다.

하지만 계좌는

  - 흐름이 살아 있을 때

  - 수급이 들어올 때

  - 구조가 작동할 때

수익이 난다.

기다리지 말고, 설계하라.

예측하지 말고, 실행하라.

미래를 바라보지 말고, 지금을 움직여라.

그게 현실 투자의 출발점이고,

그게 반복 가능한 수익의 구조다.

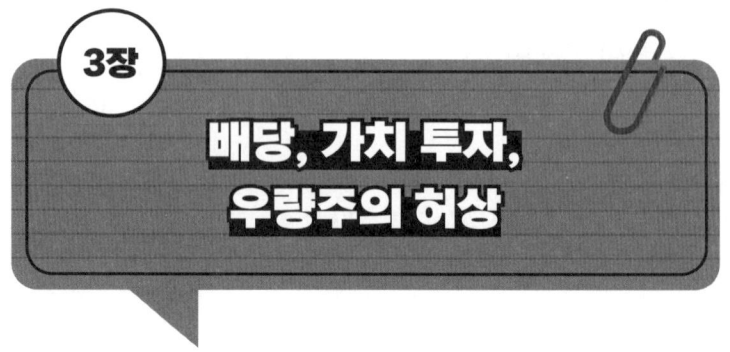

3장

배당, 가치 투자, 우량주의 허상

배당, 가치 투자, 우량주: 모두 '안정'이라는 이름 아래 포장된 허상일
수 있다.

장기 보유는 오히려 자산을 묶는 족쇄가 되고,

배당만으로는 결코 부를 축적할 수 없다.

진짜 수익은 '좋은 종목'이 아니라 움직이는 흐름 속에서 나온다.

➔ 중요한 건 기업의 내재 가치가 아니라 주가의 현실 반응력이다.

장기 보유 = 안심? 아니다

"장기 보유하면 결국 이긴다."

"좋은 종목을 오래 들고 있으면 안 망한다."

"단기 등락에 흔들리지 말고 꾹 참고 버티자."

수많은 투자자가 이 말을 믿고,

하락장에서도 손절 대신 '버티기'를 선택한다.

그리고 그 버팀의 이름을 '안전'이라 부른다.

하지만 나는 말하고 싶다.

한국 시장에서 장기 보유는 결코 안심이 아니다.

그건 '느린 손절'일 수 있다.

☑ 장기 보유는 전략이 아니라 감정적 회피일 수 있다.

하락이 시작되면 사람들은 팔지 않는다.

왜? 손실을 확정하고 싶지 않기 때문이다.

➜ 그래서 선택하는 게 '버티기'다.

"괜찮을 거야."

"좋은 종목이니까."

"시간이 해결해 주겠지."

그렇게 1년, 3년, 5년이 흐르고 주가는 제자리거나 더 아래다.

➜ 이제는 손절도 못 하고

➜ 새 종목 진입도 어렵고

➜ 계좌는 정지 상태에 빠진다.

이게 장기 보유의 '심리적 속성'이다.

➜ 결정 회피

➜ 손절 회피

➜ 책임 회피

☑ 장기 보유의 가장 위험한 착각: '좋은 종목이면 오를 것이다.'

많은 투자자가 이렇게 말한다.

"삼성전자니까 괜찮아."

"현대차는 절대 망하지 않아."

"우량주니까 언젠가는 회복한다."

하지만 중요한 건 이것이다.

회사는 안 망해도 주가는 안 오를 수 있다.

✅ 한국 시장에서는 장기 보유가 오히려 리스크가 된다.

미국 시장처럼

- 시장 전체가 우상향하고

- 연금 자금이 유입되며

- 기술 혁신이 꾸준히 일어나는 구조에서는

➜ 장기 보유가 효과적일 수 있다.

하지만 한국 시장은 다르다.

경기 민감 업종 위주

수급에 좌우되는 구조

정책 변화, 공매도, 지정학적 리스크 상존

➜ 이런 시장에서 장기 보유는

계좌를 '움직이지 못하게 만드는 족쇄'가 된다.

✅ 장기 보유의 가장 큰 문제: '기회비용'

한 종목을 오래 들고 있다는 건

다른 기회를 놓치고 있다는 뜻이다.

물려 있는 종목에 자금이 묶여서

흐름이 오는 종목에 진입하지 못하고 구조적 회전이 단절된다.

➜ 계좌는 '하나의 실패에 전부를 걸고 있는 상태'가 된다.

➜ 이건 투자라기보다, '자기 합리화'에 기반한 대기 상태다.

✅ '장기 보유 전략'을 거부해야 하는 이유

계좌가 '멈추는 순간'을 가장 경계해야 한다.

그래서 이렇게 투자해야 한다.

1 각 매수 가격의 일정 하락 시 분할 매수

➜ 하락은 곧 기회가 됨

2 각 분할 매수 일정 수익 시 분할 매도

➜ 수익은 반드시 실현

3 개별 종목 전량 매도 시 후속 종목 즉시 진입

➜ 자금은 쉬지 않고 회전

➜ 이 구조 안에서는 장기 보유가 아니라 '반복 회전'이 기본이다.

✅ 안심하려면 오래 들고 있을 게 아니라, 구조를 갖춰야 한다.

사람들이 장기 보유를 선택하는 이유는 '편안함' 때문이다.

➜ 자주 판단하지 않아도 되니까

➜ 지금 손절하지 않아도 되니까

➜ '나중에 오르겠지.'라고 생각할 수 있으니까

하지만 진짜 편안함은 '판단을 안 하는 것'이 아니라

'판단을 구조로 바꿔 놓는 것'이다.

판단하지 말고 루틴을 따라라.

감정에 기대지 말고 시스템에 기대라.

오래 들고 있지 말고, 반복해서 회전시켜라.

➜ 그게 진짜 '안심이 되는 투자'다.

> **결론: '장기 보유 = 안심'이라는 착각에서 벗어나야 한다.**
>
> 지금 당신의 계좌에 있는 종목,
>
> 언제 들어가서, 왜 아직도 들고 있는가?
>
> 그 이유가
>
> - "좋은 종목이니까."
> - "회복하겠지."
> - "지금 팔면 손실이니까."라면,
>
> 그건 전략이 아니라 감정이다.
>
> 그리고 그 감정은
>
> 당신의 계좌를 천천히, 그러나 확실하게 침몰시킨다.
>
> 장기 보유는 안심이 아니다.
>
> 움직이지 않는 투자일 뿐이다.
>
> 지금 손을 떼라.
>
> 그리고 구조를 시작하라.
>
> 당신의 계좌는 기다림이 아니라 반복으로 살아나야 한다.

배당으로는 절대 부자가 못 된다

"배당만 받아도 괜찮다."

"은행 이자보다는 낫잖아."

"배당이 복리로 쌓이면 나중엔 꽤 큰돈이 될 거야."

이런 말들은 투자에서 안정성을 추구하려는 심리에서 나온다.

특히 하락장에서 주가가 떨어지고 손실이 커지면
배당을 수익의 위안처럼 여긴다.

그러나 나는 단호하게 말한다.

배당만으로는 절대 부자가 될 수 없다.

계좌를 키우는 건 배당이 아니라, 회전과 시세 차익이다.

✅ 배당은 현금 흐름일 뿐, 자산 증식의 수단이 아니다.

배당은 일정 주기로 지급되는 '정해진 현금'이다.

한국 대표 고배당주들의 연 배당 수익률은 보통 2~5% 수준이다.

그렇다면 계산해 보자.

연 5% 배당

1억 원 투자 시 연 500만 원

5년간 2,500만 원

➜ 하지만 그사이에 주가가 -30%라도 나면?

➜ 배당보다 큰 손실이 계좌를 덮어 버린다.

배당은 수익을 '보장'하지 않는다.

주가 하락은 배당 수익률을 무력화시킨다.

✅ 배당은 보너스지, 전략의 중심이 아니다.

배당을 전략의 핵심으로 보지 않는 이유는 명확하다.

① 배당은 정해진 시점에만 지급된다.

➜ 연 1~2회 지급, 타이밍 제약

② 배당락으로 인해 주가가 하락한다.

➜ 배당 직후 주가가 조정받는 경우가 많다.

③ 장기 보유를 유도하는 유일한 '핑계'가 되기 쉽다.

➜ 물려 있는 종목을 파는 걸 미루게 만드는 명분으로 작동

➜ 결과적으로

배당에 의존한 투자자는 '움직이지 않는 투자자'가 된다.

✅ 부자가 된 사람들은 배당으로 돈을 벌지 않았다.

실제로 자산을 빠르게 늘린 투자자들은

다음의 공통점을 갖는다.

1) 시세 흐름에 집중했다.

2) 타이밍을 놓치지 않았다.

3) 회전율이 높았다.

4) 기회를 빨리 포착하고 빠르게 수익을 실현했다.

반면, 배당만 바라본 투자자는

  - 수익은 미미했고

  - 계좌는 정체됐으며

  - 다른 기회를 놓쳤다.

배당은 보조 수단일 수 있어도

주 수익원으로 삼기에는 턱없이 부족하다.

✅ 배당보다 빠른 수익 구조를 만들어야 한다.

배당이 없어도

'현금 흐름'을 만들 수 있는 구조로 되어 있어야 한다.

일정 하락 시 분할 매수로 대응하고

정해진 수익률에 도달하면 분할 매도하여 수익을 실현하며

매도 후 빠르게 다음 종목으로 전환해 자금을 계속 회전시켜야 한다.

➜ 이 구조 안에서는

배당보다 빠르고, 강력한 수익 실현이 가능하다.

배당은 연 1~2회지만,

이런 전략은 지속적으로 수익을 창출할 기회를 준다.

➜ 수익률, 자산 성장 속도, 기회 포착력 모두

배당 중심보다 회전 중심 전략이 압도적으로 앞선다.

☑ 배당은 심리적 위안일 뿐, 실질적 수익이 아니다.

하락장에서 배당은 종종 투자자들의 '회피 수단'이 된다.

- "손실이지만 배당받았으니 괜찮아."
- "오래 들고 있으면 배당이 쌓일 거야."
- "지금 팔면 손해니까 그냥 기다리자."

➜ 이런 말은 '기회비용'을 갉아먹는다.

➜ 배당은 손실을 보상하지 않는다.

손실 회피 말고, 구조적 회전으로 대응하라.

배당을 기다리지 말고, 수익을 만들어 내라.

결론: 배당을 기다리는 사람은 수익을 놓치고 있다.

배당은 나쁘지 않다.

하지만 배당은 수익의 보조일 뿐,

전략의 본질이 되어선 안 된다.

지금 당신의 계좌가 멈춰 있다면,

그리고 당신이 그저 배당을 받으며 기다리고 있다면

그건 정체된 수익의 덫에 빠진 상태다.

기다리지 말고, 회전하라.

배당에 안주하지 말고, 수익을 설계하라.

배당은 부자가 되는 수단이 아니다.

반복 가능한 구조가 부자를 만든다.

가치보다 중요한 '움직임'

"이 종목은 저평가입니다."

"지금 PER이 너무 낮아요."

"자산 가치 대비 턱없이 싸게 거래되고 있어요."

"이 정도 실적이면 주가는 최소 두 배는 가야죠."

많은 투자자가 '가치'를 근거로 매수한다.

저평가주, 가치주, 턴어라운드 기대주….

하지만 문제는,

그 가치가 시장에서 '언제', '어떻게' 반영되느냐.

현실은 이렇다.

가치는 중요하지만, 움직이지 않으면 아무 의미가 없다.

☑ 저평가 종목에 투자했는데 주가가 오르지 않는 이유

"가치주를 샀는데 1년째 그대로입니다."

"PER은 낮은데 수익은 없어요."

"실적은 좋아졌는데 왜 주가는 안 오를까요?"

이 질문은 결국 한 가지 문제로 귀결된다.

움직이지 않는 종목에 돈을 넣었기 때문이다.

시장에서는

가치보다 수급, 테마, 기대감이 주가를 먼저 끌어올린다.

'이론적으로 좋은 종목'과

'실제로 수익을 주는 종목'은 다르다.

☑️ 한국 시장은 '움직임 중심 시장'이다.

한국 시장은 미국처럼

가치 중심으로 자금이 장기 유입되는 시장이 아니다.

   - 외국인 수급, 정책 테마, 공매도 타이밍, 업종 순환

이런 요인들이 순식간에 주가를 흔든다.

➜ 가치주라고 해서 반드시 오른다는 보장이 없다.

➜ 움직임이 없는 가치주는 그저 '잠자는 자산'일 뿐이다.

☑️ 가치주는 '가치가 올라 오르는 게 아니라,

시장이 반응할 때' 오른다.

기업이 아무리 싸고 좋더라도

   - 수급이 붙지 않으면

   - 테마에 엮이지 않으면

   - 기술적 흐름이 없다면

주가는 움직이지 않는다.

그 말은 곧 가치는 주가 상승의 전제 조건일 뿐,

수익의 직접 원인은 아니라는 뜻이다.

☑️ '가치'를 참고하고, '움직임'에 베팅하라.

종목을 선정할 때

   - 실적이나 가치 지표도 고려하지만

   - 가장 먼저 보는 것은 '지금 흐르고 있는가'다.

다음 기준이 중요하다.

1) 최근 거래량 급증 여부

2) 수급 유입: 외국인, 기관 연속 매수 흐름

3) 기술적 전환: 바닥 확인, 대량 거래량 발생, 돌파, 시그널 출현

4) 단기간 내 수익 실현 가능성

➜ 지금 움직이는가?

➜ 지금 시장이 이 종목을 보고 있는가?

이 질문에 'YES'가 나와야 그 종목은 비로소 투자 대상이 된다.

✅ 움직이지 않는 종목은 '싼 종목'이 아니라 '가치 없는 종목'이다.

PER이 낮다고 수익이 나는 게 아니다.

PBR이 낮다고 반등이 나오는 게 아니다.

➜ 중요한 건

"싸서 사는가?"가 아니라,

"지금 사면 수익이 나는가?"다.

시장에서 가치가 반영되지 않으면 그건 가치가 아니다.

그건 고인 물이고, 정체된 자금이고, 기회비용이다.

✅ '가치 투자'는 전략일 수 있다.

하지만 '움직임 없는 가치'는 수익이 아니다.

투자 원칙은 다음과 같아야 한다.

"가치는 '기회'일 수 있다. 하지만 수익은 '움직임'에서 나온다."

"좋은 종목도 움직이지 않으면 버린다."

"지금 수익을 줄 수 없다면, 다음 기회로 넘어간다."

"움직이는 종목에서만 시스템은 작동한다."

➜ 이것이 실질적인 투자 철학이다.

결론: 가치보다 중요한 건 '지금 움직이는가'다.

가치만 보고 사지 마라.

움직임이 없다면 그 종목은 아무리 좋아도

당신의 계좌엔 아무 일도 일어나지 않는다.

가치는 기초일 뿐이다.

시장은 흐름이 전부다.

지금 수익을 만들고 싶다면

'저평가'라는 말에 안심하지 말고,

'시장이 움직이는 종목'을 찾아라.

당신의 계좌는 이론이 아니라 실행으로 바뀔 때 살아난다.

우량주는 수익의 보증수표가 아니다

"이 종목은 우량주니까 괜찮다."

"무너지지 않을 기업이니 언젠가는 수익이 날 거야."

"우량주는 결국 다 회복하고 오른다."

이런 말은 투자자들에게 '심리적 안전망'을 제공해 준다.

특히 하락장에서

많은 사람이 '우량주'라는 단어에 스스로를 안심시킨다.

하지만 나는 단언한다.

우량주는 안정성은 줄 수 있지만, 수익을 보장해 주지는 않는다.

'우량'이라는 딱지가 계좌를 지켜 주는 것은 아니다.

✅ 우량주는 왜 '보증수표'가 아닌가?

① 우량은 '과거의 결과'일 뿐이다.

 - 지금의 우량주는 지난 10년간의 실적, 브랜드, 점유율, 재무 안

정성의 결과다.

➜ 앞으로의 주가 상승을 보장하지 않는다.

② 시장 수급은 '우량'과 무관하게 움직인다.

　- 실적이 아무리 좋아도

　- 기관, 외국인이 팔면 주가는 빠진다.

➜ 우량이라는 이유만으로 수급이 붙는 시대는 지났다.

③ 우량주는 변동성이 낮지만, 성장성도 낮다.

　- 더 이상 '폭발적 성장'을 기대할 수 없음

　- 대부분 시장 성숙기 진입

➜ 큰 수익을 주지 못한다.

☑ 우량주의 착각: "망하지 않으니 괜찮다."

많은 투자자가 이렇게 말한다.

"삼성전자, 현대차, LG에너지솔루션… 망하지는 않잖아요?"

➜ 맞는 말이다. 그들은 쉽게 망하지 않는다.

하지만 묻자.

"망하지 않는다고 해서, 그 종목이 내 계좌를 올려 주는가?"

➜ 주가는 정체되고

➜ 기회는 놓치고

➜ 자금은 묶여 있다.

망하지 않는 기업이 내 계좌도 살아 있게 만든다는 보장은 없다.

☑ 실전 데이터로 본 우량주의 한계

신한지주

　- 2007년 역사적 신고가 64,787원

　- 2024년 12월 47,650원

- 고점 대비 -26% 하락

- 17년 전 주가보다도 하락

- 2025년 7월 코스피 지수 상승으로 18년 만에 2007년의 고가를 갱신하였지만 지속 상승 의문

한국전력

- 2016년 역사적 신고가 63,700원

- 2024년 12월 20,050원

- 고점 대비 약 -68% 하락

- 8년 전 주가보다도 크게 하락

- 2025년 지수 상승으로 반등하고 있지만 지속 상승 의문

➜ 우량하지만, 수익은 없거나 미미하고, 인플레이션을 감안하면 커다란 손해

➜ 안정적이지도 않고, 성장하지 않는다.

✅ 우량함이 계좌를 지켜 주는 시대는 끝났다.

과거에는 이런 전략이 통했다.

"대기업 위주로 장기 보유하자."

"PER, PBR 낮은 우량주를 골라 두자."

"배당도 받고, 안정성도 챙기자."

하지만 지금은 다르다.

시장은 테마 중심으로 빠르게 회전하고

수익은 '반응하는 사람'이 가져가며

우량주는 '움직이지 않는 자산'이 되기 쉽다.

➜ 느리고 묵직한 종목은 오히려 기회를 가로막는다.

☑ 기회는 '움직임'에서 오고, 수익은 '구조'에서 반복된다.

우량이라는 이름 아래 묶여 있는 종목에 자금을 두기보다,

다음과 같은 기준으로 종목을 골라야 한다.

1) 수급이 지속적으로 유입되는 종목

2) 기술적 흐름이 살아 있는 종목

3) 단기간 내 수익 실현 가능성이 있는 종목

4) 자금 회전이 가능한 종목

➜ 자금은 멈추지 않고 회전하며 수익은 누적된다.

이 구조에서 중요한 건 우량인지 아닌지가 아니다.

움직이는가, 아닌가다.

결론: 우량은 조건이 될 수는 있어도, 기준이 되어선 안 된다.

지금 당신의 포트에 '우량하다는 이유로 들고 있는 종목'이 있다면 한번 점
검해 보라.

"최근 수급이 들어오고 있는가?"

"기술적 흐름은 살아 있는가?"

"이 종목으로 수익을 반복할 수 있는가?"

이 질문에 답이 없다면,

그 종목은 당신 계좌의 정지 요인일 수 있다.

우량주는 수익의 보증수표가 아니다.

그저 무너지지 않는 기업일 뿐이다.

계좌를 키우는 건 브랜드가 아니라, 수익을 반복하는 구조다.

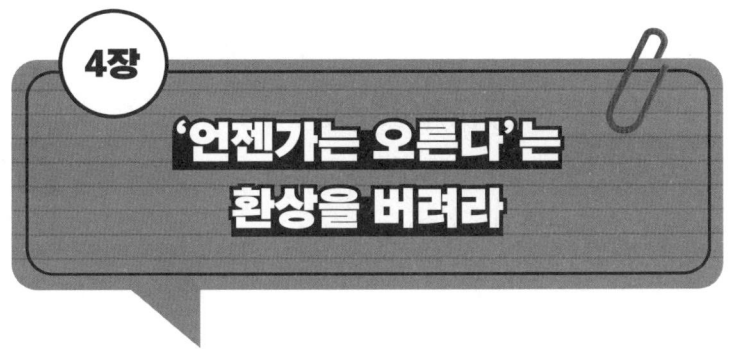

4장

'언젠가는 오른다'는 환상을 버려라

'좋은 기업'이 반드시 '좋은 주식'이 되는 것은 아니다.

기다리며 언젠가를 바라보는 동안, 기회비용은 조용히 사라진다.

수익을 막는 건 종목이 아니라, 기다려야 한다는 착각이다.

심리적 함정을 벗어나려면 예측이 아닌 현재의 움직임에 집중해야 한다.

➜ 미래가 아닌 지금 움직이는 종목에 돈을 실어야 수익이 시작된다.

'좋은 기업'과 '좋은 주식'은 다르다

☑️ 투자자들이 가장 자주 빠지는 착각이 있다.

"삼성전자인데, 언젠가는 오르겠지."

"현대차인데, 오래 기다리면 결국 본전은 찾겠지."

"LG화학이 망할 일은 없잖아, 손실 봐도 괜찮아."

이런 생각은 겉보기엔 이성적인 판단처럼 보이지만,

실제론 매우 감정적이고 비효율적인 투자 사고방식이다.

➜ 기업 이름에 기대어 계좌를 버려두는 순간,

➜ 수익은 멈추고 계좌는 정체되며,

시간은 기회비용으로 사라진다.

'좋은 기업'이라는 이름표 하나에 모든 판단을 의존하는 건,

주식시장에서 가장 위험한 자기기만이다.

✓ 분명히 기억하라.

'좋은 기업'과 '좋은 주식'은 전혀 다르다.

➜ '좋은 기업'은 경영이 안정적이고, 브랜드 파워가 강하며,

장기적으로 믿을 만한 실적을 내는 곳이다.

➜ 그러나 '좋은 주식'은 '지금, 이 순간 수익을 낼 수 있는 주식'이다.

➜ 기업이 아니라 주가의 움직임이 내 계좌를 바꾼다.

수익을 내는 것은 기업 가치가 아니라,

시장에서의 현재 흐름이다.

✓ '좋은 기업'이 항상 '좋은 주식'이 되는 것은 아니다.

오히려 '너무 유명한 기업'은 시장의 관심에서 벗어난 경우도 많다.

➜ 모두가 알고 있는 기업은 이미 기대감이 주가에 반영돼 있으며, 실적이 좋아도 반등이 크지 않다.

그에 비해 지금 시장에서 뜨는 종목,

이슈 중심에 있는 테마주는 단기간에 큰 수익을 만든다.

'기업의 내실'만 보고 매수한 투자자는 종종 시장의 흐름과 동떨어진 채 수개월 이상을 기다리는 고통을 감수해야 한다.

✅ 주가는 기업의 펀더멘털보다 시장의 흐름을 따른다.

➡️ 뉴스, 테마, 정책, 수급, 차트, 거래량 등이 맞물리는 순간 주가가
반응한다.

➡️ 반대로 아무리 '좋은 기업'도 시장에서 주목받지 못하면
주가는 오랜 시간 횡보하거나 하락한다.

이것이 바로 '좋은 기업'에 투자했지만
수익이 나지 않는 이유다.

✅ '좋은 기업'에 투자한다고 무조건 수익이 나는 것이 아니다.

실제 많은 투자자가
"이 기업은 망할 일이 없으니 괜찮아."라며 보유를 지속한다.

➡️ 하지만 그 기다림은 수익을 만드는 기다림이 아니라,
손실을 방치하는 시간일 수 있다.

➡️ 지금 시장에서 움직이지 않는 종목이라면,
아무리 훌륭한 기업이라도 계좌에는 적이다.

투자는 수익으로 말해야 한다. 가치가 아니라 결과다.

✅ '언젠가는 오른다.'라는 믿음은 투자자의 가장 위험한 마취제다.

주가는 기업 가치만으로 움직이지 않는다.

➡️ 오히려 기대감과 수급에 더 민감하게 반응한다.

➡️ 기다림에는 이자가 붙지 않는다.

기회비용은 눈에 보이지 않지만,
계좌 수익률을 갉아먹는 가장 무서운 손실이다.

✅ 반드시 '기회비용'을 고려해야 한다.

➡️ 자금이 묶인다는 것은 다른 종목에서의 수익 기회를 날리는 것이다.

➡️ '좋은 기업'인 A 종목에서 6개월을 기다리며 -10%를 버티는 사이,

➜ '좋은 주식'인 B 종목은 한 달 만에 +30%를 찍고, 시장의 중심으로 주목을 받았다.

'좋은 기업'이라는 이유만으로 버틴 6개월은,

기회 측면에서는 실패한 선택일 수밖에 없다.

⊘ 투자는 철저히 결과로 말한다.

시장에선 '좋은 기업을 오래 보유한 사람'이 아니라,

➜ '지금 시장의 흐름을 타고 수익을 낸 사람'이 살아남는다.

➜ 가치와 철학은 중요하지만,

수익을 낼 수 있는 전략이 없다면 모든 것이 허상이다.

결국, '좋은 주식'을 골라 결과를 만드는 투자자가 진짜다.

⊘ 주가와 기업 가치를 동일시하지 마라.

많은 투자자가 착각한다.

➜ "실적이 좋아졌으니 주가도 곧 오르겠지."

➜ "재무 구조가 탄탄하니 지금은 일시적 하락일 거야."

그러나 주가는 수급의 산물이다.

➜ 지금 시장이 그 기업에 관심이 없다면,

아무리 탄탄해도 주가는 무력하다.

주가는 실적이 아니라 타이밍에 반응한다는 사실을 인정하라.

⊘ '좋은 기업'이라는 이유로

막연히 기다리는 전략은 실패할 확률이 높다.

➜ 손실이 깊어지기 전에 정리하는 것이 더 유리할 수 있다.

➜ 기업 가치를 보는 눈보다,

주가 흐름을 읽는 눈이 투자에서 훨씬 중요하다.

시장은 가치가 아닌 흐름으로 움직인다.

☑ 투자자에게 실질적인 조언을 한다면 다음과 같다.

- '좋은 기업'이라는 환상을 버려라.

- '좋은 주식', 즉 지금 시장에서 움직이는 종목을 선택하라.

➜ 시장은 감정을 기다려 주지 않는다.

➜ 기준과 타이밍으로 움직이지 않는다면 수익은 요원하다.

계좌가 말라 갈 때까지 기다리는 실수를 반복하지 마라.

☑ 시장은 기업 가치가 아니라, 흐름과 타이밍으로 움직인다.

➜ '이 기업은 언젠가는 오를 것이다.'라는 믿음은

아무 보장 없는 희망일 뿐이다.

➜ 실제로 수익을 내는 종목은 '지금 움직이는 종목'이다.

시장은 '지금 수익을 만들 수 있는가'를 기준으로 작동한다.

☑ 막연히 기다리면 실패할 수밖에 없다.

➜ 투자에서 기다림은 전략이 아니라 도피일 수 있다.

➜ 손실을 방치하는 버릇은 투자자의 계좌를 무너뜨리는 주범이 된다.

'좋은 기업'이라는 단어 뒤에 숨지 마라.

➜ 냉정하게 주가의 흐름과 시장의 관심을 분석하고,

내 계좌에 도움이 되는 종목을 선택하라.

결론: 주식시장은 가치가 아니라 방향으로 움직인다.

➜ '좋은 기업'이 '좋은 주식'이 아닐 수 있으며,

➜ '좋은 주식'은 반드시 지금 '움직이는' 주식이다.

막연한 기다림은 계좌의 수익을 파괴하고,

현실을 직시하는 냉정함만이 투자자를 성공으로 이끈다.

지금, 이 순간,

내 계좌를 키워 줄 수 있는 '좋은 주식'을 골라라.

➜ 그것이 수익을 현실로 만드는 유일한 길이다.

➜ 감정이 아닌 기준으로, 가치가 아닌 흐름으로 판단하라.

그 선택이 당신의 계좌를 바꾸고,

당신의 인생을 바꿀 수 있다.

중장기 투자로 기다리는 동안 사라지는 기회비용

☑ 투자자들이 자주 하는 치명적인 착각이 있다.

'이건 우량주니까 기다리면 언젠간 오르겠지.'

'주식은 장기 보유하면 언젠가는 수익이 나잖아?'

'일단 사 두고 잊어버리면, 언젠가는 본전은 넘겠지.'

➜ 이런 사고방식이 계좌를 조용히, 그러나 확실하게 망가뜨린다.

➜ '시간이 해결해 줄 것'이라는 환상에 빠져,

엄청난 기회비용을 허비하게 되는 것이다.

➜ 이때 문제는 '손해를 본 것이 없다.'라는 착각이다.

실제로는 아무 일도 하지 않은 사이,

다른 투자자들은 수익을 내고 있다는 사실을 간과한다.

☑ 그렇다면 기회비용이란 정확히 무엇인가?

기회비용은 단순한 개념이지만,

실제로는 투자자의 심리에 가장 큰 영향을 준다.

기회비용은 어떤 종목에 자금이 묶여 있는 동안,

그 자금으로 다른 더 나은 기회를 잡을 수 있었음에도 불구하고

그 기회를 놓쳐 버린 손해를 말한다.

➜ 다시 말해, '기다리는 동안 놓친 수익'이 바로 기회비용이다.

➜ 종목이 내리지 않아 손해는 나지 않았다고 스스로를 위안하지만,

시장에선 하루에도 수십 종목이 움직인다.

➜ 자금이 유휴 상태로 묶여 있는 그 자체가 손실이며,

그 손실은 수익 기회를 도려내는 침묵의 칼이다.

✅ 중장기 투자는 반드시 수익을 보장하는가?

아니다. 특히 한국 주식시장에서는 더더욱 그렇지 않다.

한국 시장은 구조적으로 방향성이 약하고,

정책 변화, 수급 흐름, 뉴스 이슈 등 외부 변수에

민감하게 반응하는 단기 변동성 중심의 시장이다.

➜ 장기 보유를 한다고 해서 안정적인 수익을 기대하기 어렵다.

➜ 오히려 손실을 확정 짓지 못하고 끌려가는 경우가 허다하다.

➜ 한국처럼 '우상향'을 기대할 수 없는 구조에서,

묻어 두는 전략은 실전에선 불리하게 작용한다.

✅ 시간은 주식 투자에서 가장 값비싼 자원이다.

흔히 "언젠가는 오를 거야."라는 말에 안도하지만,

그 '언젠가'는 아무도 모른다.

➜ 주식이 시간이 지나면 반드시 오를 것이라는 법칙은 없다.

➜ 오히려 시간이 지날수록,

더 깊은 손실과 더 큰 기회비용이 발생한다.

➜ 문제는 시간은 되돌릴 수 없다는 점이다.

돈은 다시 벌 수 있지만, 시간은 결코 복구되지 않는다.

➜ 시간을 잃는다는 것은 단순한 기회비용이 아니라,

인생 전체의 수익 곡선에서 '계좌 수명'을 깎아 먹는 것이다.

✅ 이런 투자자들은 말한다.

"난 장기 투자자야."

하지만 진짜 장기 투자자인가?

아니면 손절을 못 해 방치한 것인가?

➜ 대부분은 후자다.

➜ '장기 투자'라는 말로 자신을 위로하고,

손절의 고통을 회피하는 것이다.

➜ 투자 철학이 아니라 회피 심리에서 비롯된

'가짜 장기 투자'는 시장에서 생존할 수 없다.

✅ 한국 시장에서 장기 보유는 대부분 실패로 이어진다.

미국 시장처럼 명확한 성장 구조와 안정적인 수급이 뒷받침되지 않는

한국 시장은 기업의 가치보다는

시장 흐름과 모멘텀이 수익에 더 큰 영향을 미친다.

➜ 결국, 중요한 것은 종목의 본질이 아니라,

그 종목이 '지금 오를 수 있는가'이다.

➜ 투자자가 이 구조를 오해하면,

아무리 좋은 회사에 투자해도 손실을 피할 수 없다.

➜ 구조적 방향성과 시장 특성의 불일치를 무시한 장기 보유는

위험하다.

✅ 중장기 투자의 문제는 단순히 시간이 오래 걸리는 데에 있지 않다.

가장 큰 문제는 자금이 묶이게 된다는 점이다.

묶인 자금은 아무 일도 하지 않는다.

➜ 흐름 좋은 종목이 눈앞에 있어도

➜ 바닥에서 급등하는 테마가 보여도

➜ 그 기회를 잡을 '실탄'이 없다.

➜ 이때 느끼는 박탈감과 무기력감은

투자자의 판단력을 흐리게 하고, 더 큰 손실로 이어지게 만든다.

➜ '좋은 기회가 있는데, 잡을 돈이 없다.'라는 상황은

시장에서 가장 치명적인 패배의 순간이다.

✓ 그래서 결론은 명확하다.

자금을 효율적으로 회전시키는 것이 한국 시장에서 성공하는 열쇠다.

➜ '기다리는 투자'보다 '움직이는 투자'가 훨씬 더 생산적이다.

➜ 손실이더라도 흐름이 끝났다면 과감히 정리하고,

새로운 흐름을 타야 한다.

➜ 투자에서 중요한 것은 자존심이 아니라, 생존이다.

✓ 투자자에게 드리는 실질적인 조언은 다음과 같다.

  - 장기 보유가 아닌 기회비용 관리 전략을 세워라.

  - 시장 흐름에 발맞춰 유연하게 자산을 재배치하라.

  - 손실 회피보다 수익 창출 중심의 마인드를 가져라.

  - '잃지 않는 투자'보다, '계속 벌 수 있는 투자 구조'를 만들어라.

  - 실적, 재무제표보다 더 중요한 건

'지금 시장이 무엇을 원하는가'이다.

> **결론: 중장기 투자는 한국 시장에서는 '수익 전략'이 아니다.**

그저 자금을 묶어 두고 기회를 버리는 행위일 뿐이다.

기다리는 동안 사라지는 수익, 놓치는 기회,

줄어드는 계좌 회전율이 당신의 전체 성과를 결정짓는다.

➡ 지금 묶여 있는 자금이 있다면,

지금이라도 시장 흐름을 확인하고,

더 나은 기회로 재배치하라.

➡ 이것이야말로 한국 주식시장에서 생존하고, 성공하는 유일한 길이다.

➡ 투자는 기다림이 아니라, 움직임의 예술이다.

3 심리적 함정에서 빠져나오는 법

✅ 투자자들이 가장 많이 빠지는 심리적 착각이 있다.

"지금 팔면 손해니까 좀 더 기다려 보자."

"언젠가는 오를 테니 조금만 참자."

"내가 팔면 바로 오를까 봐 무서워서 못 팔겠어."

이 세 가지 생각은 수많은 투자자를 반복되는 함정으로 끌고 간다.

➡ 이 착각은 손실을 인정하지 않으려는 본능과 불안의 합작품이다.

➡ 그 결과, 원래 단기 대응이었을 투자도

끝내 장기 방치로 변질되며 계좌는 무기력해진다.

문제는 이 심리의 반복이 습관이 되면,

투자자는 더 이상 판단하지 않고

'버티는 사람'으로 굳어지게 된다는 점이다.

✅ 그렇다면 '심리적 함정'이란 무엇인가?

겉으론 전략처럼 보이지만, 속을 들여다보면 감정의 피난처다.

손실을 인정하기 두려워 그 자리를 떠나지 못하는 상태,

그것이 심리적 함정이다.

➜ 작은 손실을 피하려는 선택이

결과적으로 더 큰 손실로 이어진다.

➜ 주가는 떨어지고 있는데도, 그 사실을 외면하고

스스로에게 '언젠간 오를 거야.'를 반복하는 심리 구조다.

이런 함정은 특히 개인 투자자에게 자주 발생하며,

초보일수록 더 깊이 빠진다.

✅ 심리적 함정의 본질은 '손실 회피 본능'이다.

사람은 본능적으로 손실을 싫어한다.

심리학자 대니얼 카너먼이 말한 '손실 회피 성향'은

인간이 같은 금액의 이익보다 손실에 두세 배 더 민감하다는 개념이다.

➜ 그래서 손실을 '확정'하는 순간을 피하려 한다.

➜ 심지어 회복 불가능한 상황임에도 계속 보유하며 스스로를 속인다.

이는 마치 망가진 차를 계속 몰고 가며

'고장이 안 났을 수도 있다.'라는 착각에 빠진 것과 같다.

✅ 그런데도 대부분의 투자자는 이런 심리적 함정이

자신에게 작동하고 있다는 사실조차 인식하지 못한다.

그래서 더 위험하다.

➜ 자신의 감정이 합리적 결정인 줄 알고 행동하게 되고,

시간이 흐를수록 그 결정을 번복하는 것이 더 어려워진다.

결국, 고립된 종목과 무너지는 계좌,

그 와중에도 '괜찮을 거야.'라는 말만 반복하게 된다.

✅ 심리적 함정이 가장 위험한 이유는 '기회비용'을 파괴한다는 점이다.

투자는 자산을 가장 효율적으로 배분해야 하는 게임이다.

➡ 그런데 손실 종목에 자금이 묶이면,

시장의 흐름과 상관없이 기회를 놓치게 된다.

➡ 내가 보유하고 있는 종목의 주가가 반등하든 말든,

더 좋은 종목은 이미 다른 방향으로 날아가고 있다.

단순히 손해를 보았다는 문제가 아니라,

다시 수익을 낼 수 있는 힘 자체를 잃는 것이 진짜 문제다.

✅ 실제로 기회비용 손실은 장기적으로 수익률에 막대한 영향을 미친다.

예를 들어, -30% 손실을 복구하려면 단순히 30% 수익이 아니라 +43% 이상 수익을 내야 한다.

➡ 손실을 인정하지 못해 질질 끌고 간 6개월이,

➡ 다른 종목에서는 2배 수익의 기회였을 수 있다.

기회비용은 눈에 보이지 않지만,

계좌의 전체 흐름을 결정짓는 결정적 요소다.

✅ 그렇다면 이 심리적 함정에서 빠져나오기 위해선

무엇이 필요한가?

무엇보다 먼저, 기준을 갖는 것이다.

➡ 자금 배분 기준, 진입 기준, 정리 기준, 재진입 기준 등을

사전에 명확히 정해 놓아야 한다.

➡ 감정이 휘몰아치기 전에 정한 기준만이

자신을 객관적으로 지켜 줄 수 있다.

'나는 본전을 찾을 때까지 버틴다.'라는 말은 전략이 아니다.

그냥 기준 없는 기다림일 뿐이다.

☑ 투자자에게 반드시 필요한 질문이 있다.

"지금 이 주식을 보유하지 않았다면,

이 가격에 다시 매수할 것인가?"

➜ 이 질문에 단호하게 "아니요."라고 답을 한다면,

➜ 그 주식은 감정으로 들고 있는 것이고,

이제는 내려놓아야 할 때라는 신호다.

이 질문은 지금의 판단을 새롭게 리셋하는 최고의 도구이며,

자신의 투자 판단이 전략인지 감정인지 구분할 수 있는 기준선이다.

☑ 시장은 매일 수십 개의 기회를 만든다.

단, 그 기회를 잡기 위해서는

비워진 자금과 유연한 심리 상태가 필요하다.

➜ 묶여 있는 자금, 무거운 감정은

새로운 기회를 볼 수 없게 만든다.

➜ 결국, 손실을 끌고 가는 투자자는 '계좌는 비어 있고,

심리는 막혀 있는' 상태가 된다.

그 반면 손실을 인정한 투자자는

가볍게 다음 기회를 타고 올라간다.

☑ 누구든 심리적 함정에 빠질 수 있다.

문제는 빠지는 것 자체가 아니라, 얼마나 빨리 빠져나오느냐다.

➜ 전문가와 초보자의 차이는 실수가 아니라, 회복 속도에서 갈린다.

➜ 회복을 위한 첫 조건은 '기준을 세워 놓고,

감정에 흔들리지 않는 것'이다.

그게 어렵다면, 오히려 자동화된 시스템을 만드는 것이 더 나을 수 있다.

☑ 꼭 기억해야 할 진실이 있다.

모든 종목이 회복되는 것은 아니다.

➜ 하락한다고 해서 반드시 반등하는 건 아니며,

기다린다고 해서 기회가 오는 것도 아니다.

희망은 전략이 아니다.

➜ 전략은 기준을 기반으로 한 실천이다.

➜ 감정을 내려놓고, 시스템과 기준으로 사고하라.

결론: 심리적 함정은 투자자가 스스로 만들어 놓은 덫이다.

➜ 감정의 회피, 기대의 반복, 그리고 기준 없는 기다림이

그 덫을 더 깊게 만든다.

➜ 이 덫에서 빠져나오는 유일한 방법은,

'기준을 지키고, 감정을 분리하며, 빠르게 대응하는 것'뿐이다.

바로 지금, 심리적 함정에서 벗어나라.

판단의 루틴, 기준의 규율, 전략의 냉정함으로 무장한 투자자만이 이 시장에서 살아남고, 성공할 수 있다.

4. 미래가 아니라 '지금' 움직이는 종목을 사라

☑ 투자자들이 흔히 빠지는 착각이 있다.

"미래 산업이니까 오래 기다리면 언젠가 오르겠지."

"지금은 하락하지만 결국 좋아질 거야."

"장기적으로 성장하면 언젠간 수익이 나겠지."

이런 생각은 그럴듯해 보이지만,

현실에서는 실패로 끝나는 경우가 대부분이다.

➜ 이유는 간단하다.

➜ 투자는 먼 미래가 아니라,

지금 당장 시장에서 움직이는 종목을 사는 게임이기 때문이다.

아무리 미래가 밝아 보여도,

현재 시장이 반응하지 않으면 주가는 움직이지 않는다.

☑ "미래가 좋다."라는 말은 투자자의 환상을 부추긴다.

특히 첨단 산업, 혁신 기술, 친환경 정책 등

'미래 유망'이라는 키워드는 언론과 분석 리포트에서

수없이 반복되며 투자자에게 기대감을 주입한다.

➜ 하지만 정작 주가는 미래의 가능성보다

현재의 수요와 수급에 의해 움직인다.

➜ 시장은 감정이 아닌 실시간 흐름에 반응하기 때문이다.

결국 '미래가 좋다'는 이유만으로 매수한 종목은

오랜 기다림과 손실만 남기는 경우가 많다.

☑ 먼 미래를 기대하는 투자는 '지연된 손실'이 될 수 있다.

성장 산업이라도 현재 수익이 나지 않고,

시장의 자금이 몰리지 않는다면 주가는 횡보하거나 하락한다.

➜ 주식은 기대감의 상품이 아니라, 현실의 거래 대상이다.

➜ 지금, 이 순간, 뉴스에서 다뤄지고, 거래량이 폭증하며,

수급이 몰리는 종목이 바로 수익을 만든다.

장기적으로 좋다고 해도, 지금 당장 움직이지 않으면

투자자는 기회비용을 잃는다.

✅ 이런 투자 방식은 '좋은 기업 = 좋은 주식'이라는 오해에서 비롯된다.

기업의 장기 비전, 산업 트렌드, 미래 가치 등이 아무리 좋다고 해도

➔ 주식시장에서 당장 수익을 주지 않으면 계좌에 도움이 되지 않는다.

➔ '기업 공부'에 치중한 나머지 '시장 감각'을 놓치는 투자자가 많다.

시장에서 성공한 투자자는 미래를 연구하기보다는 현재를 포착하는

능력이 뛰어나다.

✅ 지금 시장에서 성공하는 주식은 단 하나의 공통점이 있다.

바로 '지금 움직이고 있다는 점'이다.

➔ 뉴스에 자주 등장하고, 거래량이 늘어나며,

시장에서 가장 많이 회자되는 종목들이 주가 상승을 이끈다.

➔ 이러한 종목은 수익 실현까지의 시간이 짧고, 대응이 빠르다.

반면, 미래 가치만 보고 사들인 종목은 수년을 기다려야 하며,

그동안 계좌는 침묵에 갇힌다.

✅ 지금 움직이는 종목이란 어떤 종목인가?

실적이 개선되고, 정책 수혜를 받으며, 이슈가 뚜렷하고,

무엇보다 투자자들 사이에서 '돈이 몰리는 종목'이다.

➔ 즉, 눈앞의 자금 흐름이 실제로 그 종목을 밀어주고 있어야 한다.

➔ 투자에서 가장 강력한 신호는 시장의 집중된 관심이다.

✅ 주가는 '미래'가 아니라 지금의 실적과 수급이 결정한다.

물론 성장성 있는 기업은 중요하다.

하지만 그것만으로는 부족하다.

➔ 실제 수익이 나고 있는지,

지금 시장의 주도 섹터인지,

당장 테마로 주목받고 있는지가 더 중요하다.

성장성은 방향일 뿐,

주가 상승은 지금 돈이 몰리는 순간에 발생한다.

☑ '지금'이라는 시간은 투자에서 절대적이다.

지금을 무시한 투자는 전략이 아니라 믿음이다.

➡ '미래에는 오르겠지.'라는 생각은 확신이 아니라 기대감일 뿐이다.

➡ 현실을 직시하고, 시장의 흐름을 타는 것이 계좌 수익의 핵심이다.

지금 움직이는 종목에 타야만 빠른 수익 전환이 가능하다.

☑ 많은 투자자가 "언젠가는!"을 외치며 손실을 키운다.

그러나 진짜 투자자는 "지금 여기가 기회인가?"를 묻는다.

➡ 움직이지 않는 종목에 집착하는 순간,

➡ 계좌의 흐름은 멈추고 투자자는 반복된 정체 상태에 빠진다.

성공한 투자자는 끊임없이 질문하고 전환한다.

"지금 수익이 나는가?"라는 질문에 솔직해져야 한다.

☑ 투자자에게 현실적인 조언을 하자면,

먼 미래보다

지금 당장 시장에서 가장 많이 언급되는 종목을 찾아야 한다.

➡ 그 종목은 뉴스의 중심에 있고,

차트는 꿈틀거리고 있으며, 거래 대금은 점점 증가한다.

➡ 시장의 테마와 자금이 실제로 흘러가고 있는지 반드시 확인하라.

이 흐름을 읽는 능력이 곧 수익률을 결정한다.

☑ 주식시장에서 성공은 타이밍 싸움이다.

➡ 좋은 종목을 찾는 것도 중요하지만,

좋은 타이밍에 들어가는 것이 훨씬 중요하다.

➜ 아무리 좋은 재료라도,

시장이 관심을 끊은 순간 그 종목은 멈춘다.

주식은 살아 있는 생물처럼,

지금의 흐름과 반응을 실시간으로 읽어야 한다.

> ### ⌀ 미래를 기다리는 투자자는 계좌의 시간이 정지된다.

반면, 지금 움직이는 종목을 타는 투자자는 계좌를 순환시킨다.

➜ 돈은 흐름을 타고 움직이고,

➜ 성공한 투자자는 그 흐름 위에 올라탄다.

결국, 지금 수익이 나는 자리에 있느냐 없느냐가 모든 것을 결정한다.

> **결론: 미래의 기대감에 빠지지 말고
> 지금 당장 시장이 주목하는 종목에 투자하라.**
>
> ➜ 주식은 현실의 싸움이며,
>
> '지금 당장' 계좌를 움직이는 종목이 답이다.
>
> 현재의 수급, 현재의 뉴스, 현재의 차트가
>
> 당신의 수익을 만들어 낸다.
>
> 바로 지금, 현실을 직시하고 현재의 흐름을 타라.
>
> 이것이 주식시장에서 확실한 성공의 길이다.

5장

한국 시장에서는 단기 매매(Swing)만이 살아남는다

한국 시장은 변동성이 크고 흐름이 빠른 '단기 승부형' 시장이다.

감에 의존한 단타는 망하지만, 시스템화된 단기 매매는 살아남는다.

흐름을 읽고, 구조를 반복하는 전략만이 시장의 파고를 넘을 수 있다.

장기 투자가 통하지 않는 이곳에서

➔ 개미가 이길 수 있는 유일한 길은 구조화된 단기 매매(Swing)뿐이다.

한국 시장의 높은 변동성

많은 투자자가 투자 초기에 이렇게 말한다.

"단기 매매(Swing)는 위험하다."

"장기 투자가 안정적이다."

"자주 매매하면 결국 손해 본다."

그 말은, 미국 시장에서는 맞을 수 있다.

하지만 한국 시장에선 정반대다.

여기선 단기 매매(Swing)만이 살아남는다.

그리고 그 이유는 단 하나.

한국 시장은 '비정상적으로 높은 변동성'을 가진 구조이기 때문이다.

☑ 왜 한국 시장은 유독 변동성이 심한가?

한국 시장의 가격 흐름은 논리보다 심리에 의해 움직인다.

실적, 가치, 성장성보다 더 빠르고 더 크게

정책, 테마, 외국인 수급, 뉴스 이슈에 반응한다.

다음은 한국 시장의 주요 변동성 유발 요인들이다.

① 외국인 비중 과다

　- 코스피 시총 기준 30% 이상이 외국인 소유

　- 하루 만에 수천억 원 매도 or 매수 발생

➜ 시장이 요동친다.

② 공매도 구조

　- 일부 종목에 지속적 하방 압력

　- 반등 구간에서조차 상승이 눌린다.

③ 정책·규제 리스크 상존

　- 정부 발언 한마디에 섹터 전체 급락

　- 갑작스러운 세금, 규제 정책 발표

➜ 특정 업종 몰빵 시 '정책 한 방'에 붕괴

④ 테마·재료 중심의 단기 수급

　- AI, 메타버스, 2차 전지, 수소 차…

➜ 재료가 뜨면 폭등, 식으면 폭락

➡ 흐름이 너무 빠르다.

☑ 실전에서 체감하는 한국 시장의 하루 변동성

① 오전 9시 장 시작과 동시에

갭 상승 → 차익 실현 매물 → -5% 급락

② 점심 무렵

뉴스 보도 하나에 10~20% 급등 또는 급락

③ 종가 무렵

외국인과 기관의 수급에 따라 방향성 반전

➡ 한 종목에서 하루 10~20% 등락은 흔한 일

➡ 이런 시장에서 "천천히 대응하겠다."라는 전략은
손실을 자초하는 일이다.

☑ 장기 매매는 변동성에 무방비로 노출된다.

장기 보유는

- 주가가 오르기를 기다리고
- 실적이 반영되기를 기다리고
- 시장이 회복되기를 기다리는 전략이다.

하지만 그 기다림 동안

- 외국인 수급은 빠져나가고
- 단기 매매자들은 차익을 실현하고
- 시장 이슈가 바뀌면 종목은 버려진다.

➡ 당신은 아무것도 하지 않았지만, 계좌는 매일 깎여 나간다.

☑ 변동성은 맞서 싸우지 말고 활용해야 한다.

단기매매(Swing)투자 전략은 변동성을 회피하거나 이기려 하지 않는다.
오히려 변동성을 '수익 기회'로 전환한다.

구조는 단순하다.

① 하락 시 분할 매수로 진입

➜ 하락은 손실이 아니라 진입 구간

➜ 공포를 구조로 제어

② 일정 수익 도달 시 분할 매도

➜ 반등 시 각 분할 매수분을 빠른 익절로 실현이익 누적

➜ 변동성 상승 구간에서 수익 확정

③ 매도 후 빠르게 다음 종목으로 전환

➜ 자금은 멈추지 않고 다음 흐름으로 이동

➜ 변동성이 클수록 진입 타이밍도 많고, 수익 실현 기회도 많다.

✅ 단기 매매(Swing)는 감정이 아니라 구조로 해야 한다.

많은 사람이 '단기 매매(Swing)'라고 하면 이렇게 말한다.

"위험하지 않나요?"

"감정에 휘둘릴 것 같아요."

"손실이 더 클 것 같은데…."

그건 계획 없는 매매, 즉 감정적 단기 매매(Swing)의 문제다.

올바른 단기 매매(Swing)는 다르다.

1) 진입과 청산은 시스템적으로 관리

2) 분할 매수로 하방 리스크 제어

3) 수익 기준 도달 시 기계적 매도

4) 자금은 루틴에 따라 회전

➜ 이건 감정 없는 단기 '시스템 매매'다.

➜ 변동성은 위험이 아니라 기회가 된다.

✅ 왜 단기 매매(Swing)가 더 안정적인가?

① **회전이 빠르다.**

➜ 자금이 종목에 묶이지 않고

➜ 계좌는 늘 움직인다.

② **손실 제한이 명확하다.**

➜ 분할 구조로 진입

➜ 무리한 몰빵이 없다.

③ **시장의 흐름을 바로 반영한다.**

➜ 뉴스, 이슈, 수급 변화에 빠르게 대응

④ **심리적으로 부담이 적다.**

➜ 장기 보유 스트레스 없음

➜ 실현이익 누적 결과를 매일 확인할 수 있음

결론: 한국 시장에서는 단기 매매(Swing)가 곧 생존 전략이다.

시장이 빠르다. 종목이 급하다. 자금이 민감하다.

이런 시장에서 '천천히, 안정적으로'라는 말은

오히려 가장 위험한 투자 방식이 된다.

빠르게 진입하고,

빠르게 수익을 실현하고,

빠르게 회전하는 구조가

당신의 계좌를 지킨다.

한국 시장에선 단기 매매(Swing)만이 살아남는다.

단타의 함정, 시스템의 기회

☑ 많은 투자자가 단타 매매를 하며 이렇게 말한다.

"오늘 딱 5% 수익 내고 깔끔하게 빠졌습니다."

"장중 흐름 잘 타서 한 번 먹었어요."

"몇 번은 운 좋게 성공했는데, 결국 다 토해 냈습니다."

미국 시장이라면 이런 방식도 어느 정도 통할 수 있다.

하지만 한국 시장에서는 정반대다.

여기선 단타가 아니라 '구조적 시스템 매매'만이 살아남는다.

그리고 그 이유는 단 하나.

한국 시장의 변동성은 단타의 순간적 감각이나 운으로

지속 가능한 수익을 낼 수 없기 때문이다.

☑ 단타 매매는 왜 한국 시장에서 위험한가?

한국 시장의 하루 변동성은 비정상적으로 높다.

논리보다는 심리에 의해 움직이고,

기업의 실적과 가치보다

정책, 수급, 뉴스 하나에 더 민감하게 반응한다.

다음은 단타 매매가 실패할 수밖에 없는 한국 시장의 구조적 요인들이다.

① 극심한 수급 변동성

외국인과 기관 수급이 수시로 바뀐다.

하루에 수천억 원이 순식간에 들어오고 나간다.

➜ 순간적 흐름으로 판단하면 수익보다 손실이 잦다.

② 뉴스와 이슈 민감성

뉴스 하나에 장중 급등과 급락이 반복된다.

순간적인 테마 급등 후 즉각 급락이 이어진다.

➔ 빠른 대응 없이는 손실이 커진다.

③ 감정적 매매 유발 구조

변동성이 클수록 투자자는 심리적으로 흔들린다.

충동적 매매와 비이성적 손절로 손실 확대가 빈번하다.

➔ 감정적 대응은 장기적으로 반드시 계좌를 무너뜨린다.

④ 반복 가능성의 부재

어제 성공했던 방법이 오늘은 통하지 않는다.

시장 환경이 매일 다르게 바뀌기 때문이다.

➔ 단타는 일관된 수익 구조를 만들 수 없다.

☑ 단타의 실전 결과는 어떠한가?

1) 오전 9시: 급등으로 들어갔다가 순식간에 -5% 손실

2) 점심 무렵: 뉴스 보고 들어갔다가 이미 늦어 손절 반복

3) 종가 무렵: 외국인, 기관 수급 변동에 방향성이 뒤집히며 추가 손실

➔ 하루 동안 정신없이 매매했지만, 결과는 손실뿐이다.

➔ 이런 시장에서 감각으로 대응하는 건 결국 실패할 수밖에 없다.

☑ 단타 매매는 변동성에 무방비로 노출된다.

단타는 시장 흐름을 짧게 보며 대응하는 전략이다.

매 순간 진입과 청산 판단이 흔들린다.

한번 틀리면 연속적으로 손실을 반복한다.

시장의 불규칙한 흐름에 감정적으로 대응하며 무너진다.

➔ 당신은 열심히 매매했지만, 계좌는 매일 깎여 나간다.

✅ 시스템은 변동성과 맞서 싸우지 않고, 오히려 활용한다.

올바른 투자는 변동성을 회피하거나 극복하는 게 아니다.

오히려 변동성을 수익 기회로 바꾸는 구조를 만든다.

그 구조는 다음과 같다.

1 하락 시 분할 매수로 진입

➜ 급격한 하락을 손실이 아닌 기회로 전환

➜ 감정적 공포가 아니라 구조적 기회로 활용한다.

2 일정 수익 도달 시 분할 매도

➜ 상승 변동성 구간에서 수익을 기계적으로 확정

➜ 변동성이 클수록 수익 실현 빈도도 높아진다.

3 매도 후 빠르게 다음 종목으로 전환

➜ 자금은 쉬지 않고 즉각 다음 기회로 이동한다.

➜ 변동성이 많을수록 더 많은 기회를 잡을 수 있다.

✅ 단기 매매(Swing)는 감정이 아니라 구조로 해야 한다.

많은 사람이 구조적 시스템 매매를 하면 이렇게 걱정한다.

"규칙대로 하면 너무 느리지 않나요?"

"수익이 제대로 날까요?"

"단타가 빠르고 효율적인 것 같은데…."

하지만 이건 구조적 시스템을 제대로 몰라서 하는 걱정이다.

올바른 시스템 매매는 다음과 같은 명확한 구조를 갖는다.

1) 진입과 청산은 시스템이 관리

2) 분할 매수로 하방 리스크 최소화

3) 각 분할 매수 목표 수익 도달 시 기계적 매도

4) 매도 후 자금은 즉시 다음 후속 종목 또는 후속 분할 매수로 이동

➜ 감정 없는 규칙적인 시스템 매매다.

➜ 변동성은 위험이 아니라 시스템 안에서는 기회가 된다.

☑ 왜 구조적 시스템 매매가 더 안정적인가?

① 수익 구조가 반복 가능하다.

➜ 시장 상황이 변해도 같은 기준으로 대응한다.

② 손실을 철저히 제한한다.

➜ 분할 매수로 손실 폭을 통제한다.

③ 시장의 흐름을 효과적으로 반영한다.

➜ 수급, 뉴스 변화에 빠르게 대응이 가능하다.

④ 투자자의 심리 부담이 없다.

➜ 시스템대로 실행하면 감정적 스트레스가 없다.

➜ 매매 결과가 규칙적이고 명확하다.

결론: 한국 시장에서는 구조적 시스템 매매만이 살아남는다.

한국 시장은 변화가 빠르고 변동성이 극심하다.

단타처럼 감각적으로 빠르게 대응하면 오히려 더 위험하다.

단기적으로 빠르게 진입하고,

구조적으로 정확히 수익을 실현하며,

지속적으로 자금을 회전시키는 시스템만이

당신의 계좌를 안정적으로 지킨다.

한국 시장에서는 감각적인 단타가 아니라,

철저히 구조화된 시스템 매매만이 진정한 생존 전략이다.

흐름과 구조로 싸우는 시장

⊘ 투자자들이 흔히 빠지는 착각이 있다.

"좋은 기업이니까 오래 버티면 결국 오를 거야."

"저평가된 종목이라 기다리면 수익이 날 거야."

"내 분석이 맞으니까 시장이 곧 따라올 거야."

➜ 하지만 한국 시장은 이런 착각을 절대 허용하지 않는다.

➜ 시장은 당신의 기대나 예측과 무관하게 빠르게 변한다.

⊘ 한국 주식시장은 예측이 아니라 즉각적 대응이 필수다.

이 시장은 하루에도 수없이 방향을 바꾼다.

어제 급등했던 종목이 오늘은 급락한다.

오전에 강했던 테마가 오후에 무너진다.

➜ 이는 투자자의 예측과 분석이

시장의 흐름을 따라잡기 어렵다는 증거다.

⊘ 시장에서 중요한 건 명확한 흐름과 구조다.

흐름이란 시장에서 현재 가장 활발히 움직이는 종목과 업종을 의미한다.

구조는 이 흐름을 이용해 안정적이고 반복적인 수익을 내는 전략이다.

➜ 즉, 지금 시장에서 주목받는 종목과 업종을 찾아,

➜ 명확한 기준과 루틴으로 투자해야 수익이 난다.

⊘ 흐름과 구조를 정확히 활용하는 방법이 있다.

첫째, 매일 시장의 흐름을 체크하라.

거래량이 급증하는 종목을 찾는다.

뉴스와 기관, 외국인의 매매 방향을 분석한다.

둘째, 명확한 구조를 만들어라.

진입 시점을 명확히 정하고, 조건 충족 시에만 매수한다.

매수가보다 일정 비율 하락하면 분할 매수로 리스크를 줄인다.

목표 수익률 달성 시 정확히 분할 매도로 수익을 확보한다.

셋째, 빠르게 자금을 회전시켜라.

한 종목에서 수익을 내면 즉시 새로운 흐름을 가진 종목으로 이동한다.

흐름이 약해지기 전에 자금을 빠르게 회수하고 더 강한 종목으로 전환한다.

➜ 이 구조가 반복되면 계좌는 안정적으로 성장한다.

☑ 투자에서 가장 흔한 실수는 시장을 예측하려는 것이다.

"이번 실적 발표가 좋으니 반드시 오를 거야."

"지금은 너무 싸니까 오를 수밖에 없어."

➜ 하지만 한국 시장에서는 이런 예측이 통하지 않는다.

➜ 시장은 예측을 무시하고 자신만의 흐름을 만든다.

☑ 예측 대신 명확한 투자 루틴을 구축하라.

첫째, 진입 루틴

감정이 아니라, 명확한 조건이 충족됐을 때만 매수한다.

둘째, 분할 매수 루틴

하락 시 추가 매수로 평균 단가를 낮춰 리스크를 최소화한다.

셋째, 수익 실현 루틴

목표 수익률 도달 시 즉각 분할 매도한다.

감정 없이 정확히 기준을 따른다.

넷째, 종목 회전 루틴

전량 매도 후 시장의 새 흐름을 즉시 따라간다.

➜ 이 루틴이 정착되면

투자에서 감정적 실수가 사라지고 안정된 성과가 반복된다.

✅ 시스템이 진정한 투자 성공의 핵심이다.

투자자들은 흔히 이렇게 말한다.

"결국, 좋은 종목만 사면 되는 거 아닌가요?"

"타이밍만 잘 맞추면 성공하는 거 아닌가요?"

"결국, 투자도 실력이 있어야죠."

➜ 하지만 이런 요소만으로는 성공할 수 없다.

➜ 진정한 답은 '시스템'을 만드는 것이다.

✅ 전략만으론 부족하다.

전략이 아무리 좋아도 감정이 흔들리면 무너진다.

반복이 안 되면 일회성 수익에 그친다.

➜ 전략이 힘을 발휘하려면 반드시 시스템이 있어야 한다.

✅ 시스템이란 무엇인가?

시스템은 흐름을 읽고,

기준에 따라 반복 가능한 루틴을 제공하는 틀이다.

시장이 급변해도 감정과 상관없이 실행되도록 만든다.

➜ 시스템을 갖추면 모든 판단이 명확해지고 수익이 반복된다.

✅ 시스템은 투자자의 감정을 차단하고 반복성을 확보한다.

매수 타이밍, 분할 매수, 목표 수익률 도달 여부까지

모든 판단을 시스템이 대신해 준다.

투자자는 오직 결정하고 실행하기만 하면 된다.

➜ 시스템으로 감정을 제거하면 투자는 쉬워지고 수익이 쌓인다.

큰 차이를 보인다.

시스템 없는 투자자는 시장 상황에 따라 매번 고민하며 감정에 흔들린다.

시스템 투자자는 매매 신호에 따라 일관되게 행동하고 감정 개입 없이 수익을 지속한다.

➡ 결국, 시스템 유무가 장기 성과를 좌우한다.

결론: 투자자에게 실질적인 조언을 한다면 다음과 같다.

시장 예측은 과감히 버려라.

지금 당장의 시장 흐름과 구조에 맞춰 즉각 대응하라.

감정이 아닌 시스템에 의존하는 구조적 투자 루틴을 만들어라.

➡ 흐름을 읽고 구조적 시스템을 구축한 순간,

➡ 당신의 투자는 더 이상 불확실성이 아니라,

지속 가능한 성장의 길을 걷게 된다.

➡ 투자 성공은 감정과 예측을 버리고 시스템을 세우는 데서 시작된다.

---

4 개미가 이길 수 있는 유일한 길

✅ **투자자들이 자주 하는 착각이 있다.**

"개미는 기관을 절대 이길 수 없어."

"어차피 정보도 늦고 자금력도 부족한데 어떻게 이기겠어?"

"개미가 사면 꼭지고, 기관이 사면 바닥이잖아."

➜ 이 착각이 개미 투자자를 시장에서 계속 실패하게 만든다.

➜ 하지만 개미도 충분히 이길 수 있다. 다만 방식이 다를 뿐이다.

☑ 개미는 왜 매번 시장에서 지는가?

개미가 지는 이유는 명확하다.

첫째, 정보가 항상 늦고 질이 떨어진다.

대부분 뉴스, 유튜브, 커뮤니티에서 정보를 얻는다.

하지만 이런 정보는 이미 시장에 반영된 뒤다.

➜ 뒤늦게 뛰어들면 주가는 이미 꼭지 부근이다.

둘째, 판단과 실행이 느리다.

정보를 얻고 결정하는 데 시간이 걸린다.

결정했을 때 이미 기회는 사라져 있다.

➜ 손실만 계속 누적된다.

셋째, 감정적 판단이 많다.

오르면 탐욕에 빠져 추격 매수한다.

내리면 공포에 질려 근거 없이 손절한다.

➜ 반복적인 손실을 낳는다.

넷째, 구조적 전략이 없다.

명확한 매수 기준도, 손절 라인도 없다.

매도 타이밍은 오직 감에 의존한다.

➜ 일회성 행운만 얻고 지속적 수익은 없다.

☑ 개미가 이길 수 있는 유일한 방법은 명확하다.

첫째, 정보가 아닌 '흐름'을 봐야 한다.

이미 반영된 정보가 아닌, 현재 시장에 돈이 몰리는 종목을 찾아야 한다.

거래량, 수급, 캔들 패턴으로 지금 움직이는 종목을 포착해야 한다.

둘째, 타이밍은 '감'이 아니라 구조로 설정한다.

진입 시점은 명확한 조건 충족 시에만 한다.

일정 비율 하락 시,

추가 분할 매수 기준을 미리 정하고 기계적으로 실행한다.

목표 수익률에 도달하면 분할 매도로 수익을 확정한다.

셋째, 전략은 반드시 반복 가능해야 한다.

한 번의 수익은 의미가 없다.

매일 같은 구조를 반복해서 꾸준히 수익을 내야

계좌가 복리로 성장한다.

➜ 이런 방식이라면 개미도 충분히 시장에서 이길 수 있다.

☑ 개미의 진짜 강점은 기관보다 뛰어난 '유연성'이다.

개미는 거대한 기관과 달리, 복잡한 의사 결정 과정이 없다.

펀드 운용 기준을 맞출 필요도 없다.

대규모 자금을 천천히 처분할 필요도 없다.

➜ 시장 변화에 빠르게 대응하고 즉각 행동할 수 있다.

개미는 매일 시장에서 강력한 종목을 몇 개 찾아,

조건이 충족되면 즉각 진입하고,

하락 시 추가 분할 매수하며,

목표 수익 도달 시 분할 매도로 즉시 수익을 실현하고,

회수된 자금으로 곧바로 다음 종목으로 이동할 수 있다.

➜ 빠르고 유연한 자금 회전 구조는 기관이 따라 하기 어렵다.

☑ 개미가 이기려면 자신만의 '명확한 투자 구조'를 가져야 한다.

정보는 항상 늦고, 뉴스는 이미 가격에 반영되어 있다.

실적은 가격을 보장하지 않고, 타이밍은 예측하기 어렵다.

➜ 개미가 갖춰야 할 무기는

'빠른 감각'이 아니라 '정해진 투자 구조'다.

즉, 종목 선정, 분할 매수, 수익 실현, 자금 회전까지

명확한 구조를 만들어야 한다.

➜ 구조적 반복만이 개미가 시장에서 이기는 방법이다.

☑ 왜 누군가는 꾸준히 수익을 내고, 누군가는 손실을 반복하는가?

많은 투자자가 이렇게 생각한다.

"같은 종목을 샀는데 왜 나는 수익이 안 나지?"

"똑같이 공부했는데 내 수익률은 왜 낮지?"

"시장이 좋아도 내 계좌는 왜 그대로일까?"

➜ 이유는 명확하다. 바로 '구조가 있느냐, 없느냐?'의 차이다.

☑ 구조가 없는 투자는 항상 불안정하다.

수익이 나도 이유를 모르고,

손실이 나도 이유를 모른다.

매매는 직감에 의존하고 수익은 우연이다.

➜ 결국, 계좌는 성장하지 않고 스트레스만 쌓인다.

☑ 구조가 있는 투자는 반복적인 수익을 만든다.

진입 조건, 분할 매수 기준, 목표 수익률, 자금 회전 모두 명확하다.

정해진 구조대로 반복하면 수익이 자동으로 쌓인다.

감정적 개입이 없으니 안정적이고 꾸준한 성과를 얻는다.

☑ 구조를 갖춘 투자자의 매매 과정은 이렇다.

첫째, 종목 선정

매일 시장 흐름에서 수급, 거래량, 기술적 강도가 높은 종목을 선택한다.

둘째, 진입 구조

정해진 조건이 충족되면 즉각 진입하고, 가격 하락 시 분할 매수한다.

셋째, 수익 실현 구조

목표 수익률 도달 시 즉시 분할 매도로 수익을 확정한다.

넷째, 자금 회전 구조

매도 후 회수된 자금은 즉시 다음 흐름이 강한 종목에 투입되어 멈추지 않고 회전한다.

➜ 이 구조가 시장에서 지속 가능한 수익을 만든다.

☑ 구조가 있으면 실수를 해도 회복이 가능하다.

진입 타이밍이 다소 늦거나 종목이 부진해도,

구조적 기준으로 손실을 제한하고 다음 기회를 찾는다.

☑ 구조는 감정도 통제한다.

'지금 팔아야 할까?' 하는 고민이 없다.

정해진 기준과 신호가 나오면 바로 실행하기 때문이다.

감정 없이 기준에 따라 움직이면 투자가 단순하고 안정감이 생긴다.

결론: 꾸준한 수익은 반복 가능한 '구조'에서 나온다.

단기적 행운이 아니라,

반복 가능한 구조가 지속적인 수익을 만든다.

투자자는 운과 감각에 기대지 말고,

계좌를 구조 위에 올려놓아야 한다.

➜ 구조를 가진 순간,

수익은 통제 가능한 범위 안에서 지속적으로 누적된다.

➜ 구조만 갖추면 개미도 시장에서 충분히 이길 수 있다.

➜ 이제 당신이 할 일은 오직 구조를 믿고 실행하는 것이다.

'기다리면서도 돈을 계속 버는 시스템(기돈시)'의 탄생

2부는 '감정'이 아닌 '구조'로 수익을 반복하는 시스템,

기돈시의 원리와 철학을 실전적으로 설명한다.

손절 없는 투자는 가능하며,

핵심은 '물려도 살아 나올 수 있는 종목'과

분산·분할·분리 전략에 있다.

100개의 수익 톱니바퀴가 자금을 자동으로 회전시키며,

기다림조차 수익으로 바꾸는 구조가 만들어진다.

실시간 자문 시스템은 판단을 없애고,

투자자는 하루 10분(익숙해지면 단 30초) 루틴만으로도 복리 성장을

실현할 수 있다.

믿고 반복하는 자만이 시장에서 살아남고,

수익을 계속 돌아가게 만든다.

➜ "버튼만 누르면 수익이 돌아간다."를 체득하게 된다.

1장

나는 왜
손절을 버렸는가

손절은 리스크 관리가 아니라,

반복되면 계좌를 갉아먹는 구조적 손실이다.

감정에 휘둘려 손절을 반복하던 나는 결국 깨달았다.

살아남으려면 구조가 필요하다는 것을.

'기다리며 버티는 전략'이 아니라,

회복 가능한 종목에만 진입하고,

분할 매수로 대응하는 시스템.

손절 없는 구조는 정신력이 아닌 설계로 완성된다.

기돈시는 감정이 아닌 루틴으로 수익을 반복하는 구조화된 시스템이다.

➔ 단발성 수익이 아닌, 계속 돌아가는 수익의 흐름이 여기에 있다.

손절의 반복 = 계좌 붕괴

"손절을 잘 하는 사람만이 살아남는다."

"감정을 배제하고 기계처럼 손절하라."

"작은 손실을 감내해야 큰 수익을 얻는다."

이런 말들은 주식시장에서 마치 생존의 진리처럼 통용된다.

➜ 나 역시 그 믿음 아래 무수한 손절을 실행했고,

그 결과는 '생존'이 아닌 '붕괴'였다.

손절은 전략일 수 있다.

그러나 그것이 반복되기 시작하는 순간,

손절은 계좌의 내부를 갉아먹는 구조적 리스크가 된다.

➜ 계좌는 외형상 멀쩡해 보여도,

매일 조금씩 조용히 무너지고 있었던 것이다.

✅ 핵심은 '손절 자체'가 아니라, 손절의 반복성이다.

한 번의 손절은 방어다.

흐름이 틀렸을 때 자산을 지키기 위한 선택일 수 있다.

하지만 현실 속 투자자들은 '한 번의 손절'이 아니라,

매일의 반복 손절에 시달린다.

A 종목 -5% 손절

B 종목 -4% 손절

C 종목 -6% 손절

➜ 단 3일 만에 -15% 손실

➜ 복구하려면 최소 +17.6%의 수익이 필요하다.

수익은 천천히 오고, 손실은 순식간에 찾아온다.

➜ 이게 바로 손절 루틴이 계좌를 붕괴시키는 방식이다.

☑ 손절이 반복되면 세 가지가 동시에 무너진다.

① 심리 붕괴

- 매수가 두려워지고, 판단은 늦어지며, 종목 선택이 위축된다.

② 기회비용 상승

- 손실 복구에 더 많은 자금과 시간이 소요되며,

그 과정에서 자신감과 체력이 소모된다.

➜ 결국, 복구보다 회피에 집중하게 된다.

③ 전략 붕괴

- 매수 타이밍은 왜곡되고, 매도는 조급해지며,

전체 전략이 일관성을 잃는다.

☑ 손절 루틴은 평범한 투자자의 흔한 일상이다.

종목을 고른다 → 기대하며 진입한다 → 조금만 하락해도 불안하다

→ -5% 손절 → 다시 종목을 고른다 → 또 손절 → 반복

➜ 결국 '안전해 보이는 종목'에 몰빵 → -20% 손절

➜ 계좌 붕괴 + 멘탈 붕괴 → 반복의 끝은 항상 똑같다.

☑ 손절 없는 구조는 '담력'이 아니라 '설계'로 완성된다.

기돈시 시스템은 감정이 아닌 구조적 설계로 손절을 대체한다.

☑ 손절을 피하는 4가지 기돈시 설계 요소

① 회복 가능한 종목만 매매한다.

- 기술적 지지, 거래량 기반이 탄탄하며 흐름상 반등 가능한 종목

- 바로 '물려도 살아 나올 수 있는 종목(물살종)'을 선택한다.

② 진입은 항상 4회 분할 매수로 한다.

- 최초 매수 후 -10% 하락 시마다 정해진 타이밍에 기계적 분할 진입

➜ 자금 분산 + 평균 단가 하락 + 심리적 안정감 확보

③ 하락은 기회다.

- 하락은 공포가 아니라 구조의 일부

➜ 1차 → 2차 → 3차 → 4차 매수로 단계적 진입

➜ 반등 시에는 각 분할 매수분마다 +10% 수익 구간에서 순차 매도

④ 손절이 아닌 회복을 '기다리는' 루틴이 있다.

- 감정적 대응이 아닌, 구조적 복구 루틴

➜ 회복 흐름이 '예상'이 아닌 '전제'인 시스템

✅ 실전 사례 비교: 손절 전략 vs. 회복 설계 전략

① 손절 투자자 Case A

- 10만 원 진입 → -5% 하락에 손절

- 이틀 뒤 10.7만 원 반등

➜ 손실 + 기회 이익 상실

② 기돈시 투자자 Case B

- 10만 원 진입 → -10% 하락 시마다 분할 진입(9만, 8.1만, 7.29만 원)

➜ 반등 시 8만 원대부터 순차 분할 매도

➜ 손실 없이 수익 전환 성공

➜ 차이는 단 하나, 손절을 준비했는가?

아니면 회복을 설계했는가?

✅ 감정이 아닌 시스템이 손실을 막고 수익을 지킨다.

손절을 피하기 위한 '담력'은 신화에 불과하다.

➜ 반복 가능한 매수 타이밍, 분할 전략, 수익 실현 구조

이런 시스템만이 당신을 끝까지 지켜 낸다.

**결론: 손절의 반복은 계좌를 깎고,
　　　　구조의 반복은 계좌를 살린다.**

➜ 계속해서 손절 루틴을 반복할 것인가?

➜ 아니면, 손절이 필요 없는 구조를 실행할 것인가?

'기돈시' 시스템은 후자를 설계했다.

이미 많은 투자자가 실전에서 그 효과를 증명해 냈다.

손절은 멈추고, 구조는 반복하라.

그것이 계좌를 살리고, 수익을 돌게 하는 유일한 길이다.

손절 없이 버티는 전략의 시작

"버티면 손실은 더 커진다."

"손절을 못 해서 망했다."

"빠졌을 때 과감하게 끊어야 다음 기회를 잡는다."

➜ 주식시장에서 손절은 생존의 기본 원칙처럼 여겨진다.

하지만 나는 거꾸로 물었다.

"손절 없이도 살아남을 수 있는 구조를 만든다면,

정말 '잘라 내는 것'이 최선일까?"

'기다리면서도 돈을 계속 버는 시스템(기돈시)'은

바로 이 질문에서 출발했다.

손절이 아닌 회복이 중심이 되는 전략.

버티는 게 아니라 기다리는 구조.

➜ 그 구조가 완성되는 순간,

나는 손절을 '기술'이 아닌 불필요한 선택지로 바꾸었다.

✅ 손절은 생존의 기술일 수 있다.

그러나 기돈시는 전략적 기다림의 구조화다.

손절이란 흐름이 틀렸을 때 손실을 제한하려는 기계적 행동이다.

하지만 그 전제는, 회복 불가·예측 불가·대응 불가의 시장 상황이다.

➜ 그렇다면, 반대로

회복 가능한 종목에

예측이 아닌 대응 가능한 구조를

감정 없이 자동 매매 방식으로 접근한다면

➜ 손절은 더 이상 필요하지 않다.

✅ 손절 없는 전략이 작동하려면 전제 조건이 필요하다.

기돈시는 무작정 버티는 구조가 아니다.

다음의 4가지 조건이 갖춰졌을 때만,

손절 대신 기다림을 선택할 수 있다.

❶ 물려도 살아 나올 수 있는 종목(물살종)이어야 한다.

　- 바닥을 다지고 거래량이 급증한 종목

　- 세력의 매집 흔적이 존재

　- 일시 하락 후 V 자, W 자 반등 가능성이 높은 종목

❷ 진입 자체가 4회 분할로 설계되어야 한다.

　- 최초 진입 후, 직전 매수가 대비 -10% 하락 시

➜ 기계적으로 2차, 3차, 4차 분할 매수 진행

➜ 매수 간격은 항상 -10% 고정

③ **감정이 개입되지 않는 구조여야 한다.**

　- 실시간 시그널 기반 매수·매도

　- 타이밍 판단을 인간이 아닌 시스템이 수행

➜ 머뭇거림이 제거된다.

④ **자금이 한 종목에 몰리지 않아야 한다.**

　- 40개 종목 분산 구조

　- 각 종목을 4회 분할 매수로 나누어 총 100개의 톱니바퀴 구성

➜ 손실 리스크를 체계적으로 흡수

이 네 가지가 충족되면,

기돈시는 손절 없이도 구조적으로 회복할 수 있다.

☑ 손절 없는 전략, 이렇게 작동한다.

　- 직전 매수가 대비 -10% 하락 시마다 3회 추가 분할 매수

　- 각 분할 매수가 +10% 도달 시 분할 매도

➜ 자금 회수 → 다음 후속 종목 진입 또는 후속 분할 매수

➜ 총 100개로 분리된 포트폴리오가 톱니바퀴처럼 회전

➜ 단기 하락에도 흔들리지 않고 수익 구조 안에서 작동

☑ 이 전략이 실전에서 유효한 이유

한국 시장은 세계적으로 손꼽히는 단타 시장이다.

　- 하루 -5%, +8% 등락은 일상

　- 정책, 뉴스, 수급의 변화가 즉각 반영된다.

이런 시장에서는

➜ 예측보다 대응이 중요하고

➜ 대응보다 구조가 우선이다.

⊘ '무작정 기다림'이 아니라 '설계된 기다림'이다.

자주 듣는 질문:

"결국, 물려도 그냥 버티자는 건가요?"

➜ 아니다. 기돈시는 말한다.

"버티는 것이 아니라, 반등을 전제로 기다리는 자리를 설계하는 것이다."

➜ '시간을 믿는 것'이 아니라,

'구조를 믿고 반복하는 전략'이다.

결론: 손절을 줄이고 싶다면
'기다릴 수 있는 전략'부터 먼저 갖춰야 한다.

당신의 매매는 다음 질문에 답할 수 있는가?

 - "이 종목은 회복 가능한가?"
 - "구조화된 분할 매수가 가능한가?"
 - "가격 회복 시 수익 전환이 가능한가?"
 - "반등 후 대응 가능한 루틴이 존재하는가?"

➜ 이 질문에 'YES'라고 답할 수 없다면

당신의 기다림은 전략이 아니라 도박이다.

하지만 기돈시 안에 있다면,

기다림은 감정이 아닌 설계된 구조다.

손절 없이도 수익을 계속 만들 수 있는 유일한 시스템,

바로 그것이 기돈시다.

3 감정이 아닌 시스템이 이긴다

ⓒ 주식시장에 처음 들어온 투자자가 흔히 저지르는 실수가 있다.

"분할 매수로 대응하자."

"수익률 10%에선 반드시 익절한다."

"지지선 이탈 시 즉시 손절한다."

➜ 초반에는 모두가 원칙을 세운다.

하지만 시장이 열리고 매매가 시작되면

이 원칙들은 감정 앞에서 무너지기 시작한다.

시장은 투자자의 이성을 자극하지 않는다.

➜ 시장은 감정을 흔든다.

수익 앞에서는 욕심,

손실 앞에서는 공포,

회복 구간에서는 조급함으로 바뀌면서

➜ 투자자의 계좌는 흔들리고 결국 붕괴된다.

나는 그 과정을 수만 번 반복한 끝에,

분명하게 깨달았다.

투자를 이기게 하는 건 감정이 아니라 시스템이라는 사실을.

ⓒ 감정으로 싸우면 반드시 진다.

예를 들어, 다음과 같은 상황을 떠올려 보자.

① 주가가 하락하기 시작한다.

➜ '지금 팔아야 하나? 더 버텨야 하나?'

➜ 공포가 판단을 지배한다.

② 수익이 나기 시작한다.

➜ '더 갈 것 같은데 익절하긴 아까워.'

➜ 욕심이 원칙을 흐린다.

③ 추가 매수 시점에 도달했다.

➜ '지금 더 사도 괜찮을까? 확신이 없어.'

➜ 불안이 실행을 멈추게 한다.

➜ 이 모든 불확실성과 흔들림은 '판단'을 스스로 내리려 할 때 생긴다.

감정은 판단을 동반하고,

감정이 개입되면 매매는 일관성과 반복성을 잃는다.

➜ 결국, 감정적 매매는 절대 수익을 지속시킬 수 없다.

> **✓ 그래서 감정을 이기기 위한 방법은 오직 하나다.**

감정이 끼어들 수 없는 시스템을 만드는 것.

즉, 사전에 정해진 알고리즘대로 움직이는 구조를 만들어야 한다.

① 종목 선정

➜ 기돈시는 조건이 충족된 종목만을 실시간으로 추천한다.

➜ 개인의 충동 선택은 원천 차단된다.

② 진입 타이밍

➜ 조건 충족 시 1차 매수

➜ 이후 -10% 하락 시마다 시스템이 실시간으로 2·3·4차 분할 매수 시그널 발송

③ 수익 실현

➜ 각 분할 매수 가격 대비 +10% 도달 시

➜ 시스템이 08:30에 각 분할 매수가 +10%에 일괄 매도 주문을 하여 기계적 수익 실현

④ 자금 회전

➔ 매도된 자금은 즉시 다음 톱니바퀴로 이동

➔ 자금이 놀지 않고 자동으로 구조 내에서 순환된다.

➔ 이 모든 과정을 투자자는 버튼만 누르며 실행한다.

감정이 끼어들 수 있는 여지가 아예 없다.

➔ 투자자는 실행만 하고, 수익은 구조가 알아서 만든다.

☑ 감정을 통제하려 하지 말고,

감정이 개입할 시간조차 없게 만들어라.

"멘탈 관리가 중요하다."라는 말은 반만 맞다.

➔ 감정은 억누를수록 더 강해진다.

기돈시는 말한다.

"애초에 감정이 들어올 틈을 없애라."

    - 시그널이 오면 기계적 매수

    - 목표 수익률 도달 시 기계적 매도

    - 자금은 즉시 회전

➔ 고민할 시간 자체를 제거하는 것이 핵심이다.

☑ 감정을 배제한 구조에서만 지속 가능한 수익이 반복된다.

한 번의 수익은 감정으로도 가능하다.

그러나 반복되는 수익은 감정이 아닌 시스템에서만 가능하다.

➔ 시스템은 우연한 수익을 필연의 수익으로 바꾼다.

➔ 감정을 차단한 구조는 계좌의 안정성과 수익을 동시에 보장한다.

☑ 인간은 감정에 흔들리지만, 시스템은 흔들리지 않는다.

사람은 상황에 따라 갈팡질팡한다.

    - 시장이 급등하면 더 살까 고민하고

- 시장이 급락하면 덜컥 겁먹는다.

하지만 시스템은 늘 똑같다.

- 조건이 되면 진입
- 조건이 충족되면 매도
- 시장의 흐름보다 자신의 구조에 집중한다.

➔ 이 무감정의 반복성이 투자 성공을 만든다.

결론: 감정이 계좌를 망친다면, 이제 시스템이 계좌를 지켜야 한다.

수익이 안 나는 이유는 전략 부족이 아니라

감정이 전략을 무너뜨리고 있기 때문이다.

➔ 감정을 억누르지 말고,

감정을 덮는 시스템을 작동시켜라.

기돈시는 강조한다.

"시장을 이기려 하지 마라.

감정부터 이겨라.

그리고 감정을 이기는 유일한 방법은 시스템이다."

이제 당신은 감정이 아닌

시스템에 따라 움직이게 될 것이다.

➔ 감정이 흔들릴 때마다

➔ 기돈시의 시그널이 당신을 안정시키고

➔ 당신의 계좌는 감정이 아닌 구조의 힘으로 성장하게 될 것이다.

기다림을 수익으로 바꾸는 구조, 기돈시

☑ 투자자들이 흔히 빠지는 착각이 있다.

"기다리면 언젠가 오른다."

"장기 투자를 하면 결국 수익이 난다."

"인내가 최고의 투자다."

➜ 하지만 시장은 그렇게 단순하지 않다.

단지 기다린다고 해서 수익이 나는 것은 아니다.

➜ 기다림 자체는 아무런 전략이 아니다.

수익이 되기 위해선 기다림이 설계되어 있어야 한다.

바로 그 설계를 가능하게 하는 것이

'기다리면서도 돈을 계속 버는 시스템', 즉 기돈시다.

☑ 구조 없는 기다림은 결국 계좌를 지치게 만든다.

많은 투자자가 하락장에서 이렇게 말한다.

"기다리면 회복되겠지."

하지만 회복 기준도, 대응 구조도 없이

막연히 기다리다 보면 결국 두 가지 중 하나로 끝난다.

① 끝내 회복되지 않아 자금이 오랜 시간 묶인다.

➜ 수익 기회를 잃고 계좌는 정체된다.

② 결국 견디지 못하고 늦게 손절한다.

➜ 손실만 커진 채 이탈한다.

➜ 이건 전략적 기다림이 아니라 무전략 상태의 방치다.

기돈시는 기다림을 구조화한다.

무작정 기다리는 것이 아니라,

➜ 회복 가능성 + 분할 매수 + 분할 매도 + 자금 회전

이 네 가지 조건이 체계적으로 맞물려 돌아가야 한다.

① 회복 가능성이 높은 종목만 선정한다.

➜ 즉, '물려도 살아 나올 수 있는 종목(물살종)'만 진입

➜ 세력 개입, 거래량, 수급, 기술적 지지선 등의 조건을

철저하게 충족한 종목만 선정한다.

➜ 이 기준이 '회복 가능한 기다림'을 만든다.

② 분할 매수 전략은 자동으로 작동된다.

➜ 최초 매수 후, 직전 매수가에서 −10% 하락할 때마다

➜ 3회에 걸쳐 분할 매수 실시간 시그널 발송

➜ 평균 단가를 낮춰 회복 가능성과 심리 안정성 동시 확보

③ 분할 매도 전략 역시 시스템화되어 있다.

➜ 각 분할 매수 가격에서 +10% 도달 시 매도

➜ 시스템이 08:30에 각 분할 매수가 +10%에 일괄 매도 주문

➜ 감정 배제 + 수익 실현 + 자금 확보가 동시에 이루어진다.

④ 자금 회전 구조까지 완벽히 설계되어 있다.

➜ 분할 매도로 회수된 자금은

➜ 곧바로 다음 후속 종목 진입 혹은 다른 분할 매수로 연결

➜ 100개의 수익 톱니바퀴가 쉬지 않고 돌아가는 구조다.

☑ 구조화된 기다림은 심리까지 통제할 수 있다.

투자의 최대 적은 감정이다.

하락하면 공포, 반등하면 욕심, 지연되면 조급함이 몰려온다.

➜ 하지만 기돈시는 이 모든 감정을 제거한다.

    - 주가 하락? ➜ 추가 매수 시점이라는 신호

    - 반등 도달? ➜ 분할 매도 신호로 수익 확정

➜ 고민할 이유가 없고, 망설일 필요도 없다.

➜ 이 흐름이 반복되면서 투자자는 스트레스를 느끼지 않는다.

➜ 구조가 심리를 지배하니 계좌는 자동으로 성장한다.

✅ 시장에서 살아남는 자는

'기다리는 자'가 아니라 '기다림을 설계한 자'다.

누구나 기다릴 수 있다.

하지만 아무나 수익을 내며 기다릴 수는 없다.

➜ 기돈시는 이 차이를 만들어 낸다.

진입 → 분할 매수 → 분할 매도로 수익 실현 → 자금 회전

➜ 모든 흐름이 구조화되어 있고 시스템화되어 있다.

투자자는 단지 시그널을 따라 버튼만 누르면 된다.

➜ 그 순간, 기다림은 자산을 축적하는 전략적 시간이 된다.

➜ 막연함이 아닌 안도감 속에서 계좌는 차곡차곡 커진다.

결론: 기다림을 수익으로 바꾸고 싶다면
기다림을 반드시 구조화해야 한다.

'언젠가 오를 거야.'라는 생각은 희망일 뿐이다.

➜ 희망이 아닌 시스템과 구조가 수익을 만든다.

기돈시는

    - 기다림을 설계된 전략으로 만들고

– 그 전략을 실행 가능한 구조로 만들며

– 감정 없는 반복 루틴으로 수익을 지속적으로 누적시킨다.

이제는 기다림을 버려야 할 감정이 아니라,

신뢰할 수 있는 투자 자산의 동력으로 바꿔라.

➔ 기돈시 위에서 기다림은 위험 회피가 아니라,

지속 가능한 수익 창출의 코어 전략이 된다.

단발성 수익에서 시스템 수익으로

☑️ 투자자들이 자주 빠지는 착각이 있다.

"이번엔 수익이 좋았어. 내 실력이야."

"일주일 만에 20% 벌었으니 완벽하지."

"이번 종목만큼은 정말 잘 골랐어."

➔ 하지만 이 말들은 모두 '단 한 번의 성공'을 이야기할 뿐이다.

그래서 나는 늘 되묻는다.

"그 수익, 다음에도 똑같이 만들 수 있습니까?"

왜냐하면, 단발성 수익은 운일 수 있지만,

반복 가능한 수익은 구조 없이는 절대 불가능하기 때문이다.

☑️ 기돈시의 목표는 '한 번의 수익'이 아니라

'매번의 수익을 구조화하는 것'이다.

한 번의 우연이 아니라,

➔ 매일 버튼만 누르면 반복되는 기계적 수익 루틴

바로 이것이 기돈시 시스템의 본질이다.

✅ 단발성 수익은 절대 계좌를 성장시키지 못한다.

투자자라면 누구나 이런 경험을 해 봤을 것이다.

- 뉴스 하나에 올라탄 매매가 수익으로 연결됐고,

- 한 번의 빠른 판단이 계좌를 크게 올려 줬으며,

- 타이밍이 잘 맞아 큰 수익을 경험한 적도 있다.

하지만 그다음은 전혀 다르다.

- 다음 뉴스는 틀렸고,

- 다음 종목은 흔들렸으며,

- 다음 타이밍은 늦었거나 지나갔다.

➜ 결국, 계좌는 다시 원점, 혹은 마이너스로 돌아간다.

단발성 수익은 누적되지 않는다.

계좌는 절대 커지지 않는다.

✅ 진정한 수익은 '시스템 수익'이다.

기돈시가 설계한 시스템 수익은 다음 세 가지 특성을 가진다.

1) 감정에 흔들리지 않는다.

2) 예측에 의존하지 않는다.

3) 반복 가능한 패턴으로 작동한다.

투자자가 스스로 질문해 보라.

- "진입 조건이 충족되었는가?"

- "익절 시그널이 정확히 발생했는가?"

- "다음 종목 진입이 실시간으로 준비되어 있는가?"

➜ 이 질문에 항상 같은 방식으로 대응할 수 있다면,

그것은 운이 아닌 시스템이다.

☑ 기돈시의 시스템 수익은 이렇게 작동한다.

① 종목 선정

  - 총 40개 종목이 채워질 때까지 조건 충족 종목 즉시 추천

➜ 시장 상황, 수급, 흐름 기반 엄선

② 진입 구조

  - 추천 종목 중 선별하여 1차 진입

➜ 감정 없이 기계적 매수

③ 분할 매수

  - 주가가 직전 매수 대비 -10% 하락할 때마다

➜ 최대 4회까지 기계적 분할 매수 진행

④ 분할 매도

  - 각 분할 매수분이 +10% 도달 시 즉시 분할 매도

➜ 수익 실현 타이밍의 기계화

⑤ 자금 회전

  - 매도 자금은 즉시 후속 종목 또는 다른 분할 매수에 즉시 투입

➜ 자금이 멈추지 않고 계속 회전하며 계좌 전체가 활성화된다.

이 다섯 가지 루틴이 매일 반복된다.

➜ 이것이 바로 계좌를 복리 구조로 성장시키는 방식이다.

☑ 반복될수록 강력해지는 시스템 수익의 복리 효과

단발성 수익은 그저 운이 좋았던 이벤트에 불과하다.

하지만 시스템 수익은 구조 안에서 반복된다.

➜ 반복은 회전을 만들고, 회전은 자산의 복리를 만든다.

즉, 기돈시는

한 번의 수익이 아닌

지속적으로 쌓이는 수익의 흐름을 설계한다.

✓ 단발성 수익이 갖는 3가지 위험

1 **재현 불가**

- 다시는 같은 결과를 기대할 수 없다.

2 **자산 성장 중단**

- 수익 후 자금이 멈추면 성장도 멈춘다.

3 **잘못된 자신감**

- 단 한 번의 성공이 과도한 리스크 감수를 유발하고

- 결국, 큰 손실로 이어진다.

✓ 시스템 수익의 3가지 안정적 장점

1 **명확한 패턴**

- 매수, 매도, 자금 투입 모두 시스템 신호 기반으로 작동

➜ 일관성과 반복성이 보장된다.

2 **감정 배제**

- 투자자는 판단이 아닌 실행만 하면 된다.

➜ 심리적 소모 없이 안정된 루틴 가능

3 **계좌 회전력 유지**

- 100개의 수익 톱니바퀴가 계속 회전하면서 끊임없이 작동

➜ 포트폴리오 전체가 항상 움직인다.

✓ 수익은 '한 번의 이벤트'가 아닌

'지속 가능한 구조'가 되어야 한다.

단발성 수익은 착시일 뿐이다.

➜ 기돈시는 "내가 잘해서 수익이 났다."가 아니라

"시스템이 매일 수익을 만들어 낸다."라는 구조를 만든다.

➜ 사람은 흔들려도

➜ 시스템은 흔들리지 않는다.

➜ 시스템은 매일 수익을 반복하며 계좌를 성장시킨다.

결론: 단발성 수익은 행운이고, 시스템 수익은 실력이다.

한 번의 수익으로 만족하지 말라.

➜ 반복 가능한 시스템을 갖춰야만 한다.

기돈시가 설계한 시스템 수익은

'이벤트'가 아니라 '일상'이다.

➜ 종목이 계속 돌아간다.

➜ 자금은 끊임없이 회전된다.

➜ 수익은 매일 누적된다.

이처럼 완성된 100개의 수익 톱니바퀴는

당신의 계좌를 '기계처럼' 성장시키는

진정한 자산 시스템이 될 것이다.

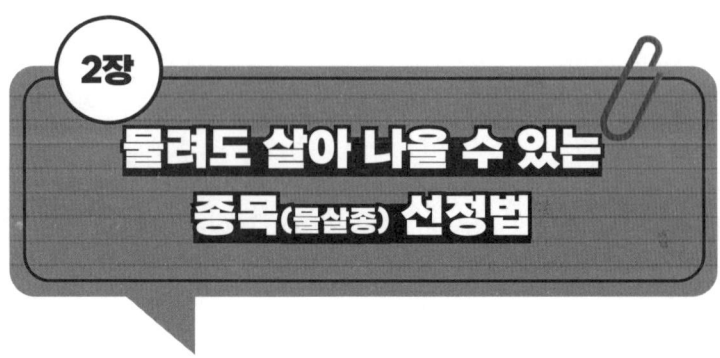

2장

물려도 살아 나올 수 있는 종목(물살종) 선정법

진짜 수익은 오를 종목을 맞추는 것이 아니라,

물려도 살아 나올 종목을 고르는 것에서 시작된다.

세력의 발자국이 남은 종목은 쉽게 무너지지 않으며,

겉핥기 테마가 아닌 본질적 흐름을 읽어야

회복의 가능성을 잡을 수 있다.

바닥을 다지고 반등 흐름이 포착되는 종목만이

포트에 들어올 자격이 있다.

업종과 테마의 다양성까지 고려해 철저히 분산하고 선별해야

➜ 기다림이 손실이 아닌 수익으로 이어지는 구조를 만들 수 있다.

세력주는 절대 무너지지 않는다

☑ 주식시장에서는 매일 비슷한 질문을 듣는다.

"물렸습니다. 어떻게 하죠?"

"많이 빠졌는데 손절해야 하나요?"

"이 종목, 버티면 회복할까요?"

이런 질문을 받을 때 나는 항상 똑같은 질문으로 답을 시작한다.

"지금 물린 그 종목, 세력이 존재하는 종목인가요?"

왜냐하면, 그 종목에 세력이 있느냐, 없느냐에 따라

투자자의 운명이 완전히 달라지기 때문이다.

☑ 누구나 시장에서는 실수를 한다.

완벽한 전략을 갖추더라도 하락장과 급락은 피할 수 없다.

하지만 '기돈시 시스템'의 핵심은 '손절 없는 투자 구조'다.

이는 결코 손절 자체를 부정하는 것이 아니다.

애초에 '손절할 필요가 없는 종목만 선정'하는 것을 전제로 한다.

➔ 즉, '물려도 살아 나올 수 있는 종목'에만 진입하는 것이

기돈시 전략의 핵심이다.

☑ 그렇다면 왜 세력주는 절대 무너지지 않는 것인가?

세력주란 단순히 테마가 있거나 급등한 종목이 아니다.

진정한 세력주는 하락하더라도

다시 상승할 구조적 근거가 존재한다.

단기적으로 흔들릴 수 있어도

장기적으로 완전한 붕괴는 없다.

➜ 세력주가 특별한 이유는 바로 이 구조적인 안정성 때문이다.

✅ 세력주를 정의하는 명확한 4가지 조건

첫째, 확실한 대량 거래량과 누적 거래량의 증거가 있다.

특정 가격대에서 꾸준히 일정 규모 이상의 거래가 발생한다.

횡보 기간에도 거래량이 유지된다.

➜ 세력이 물량을 털지 않고 계속 매집하고 있다는 증거다.

둘째, 세력이 물린 물량이 나가지 못하고 묶여 있다.

세력의 평균 매집 가격대가 현 주가보다 높다.

세력은 절대 손실 구간에서 물량을 털고 나가지 않는다.

➜ 이것이 세력이 가격을 다시 끌어올려야만 하는

구조적 근거가 된다.

셋째, 지속적으로 '저점이 높아지는' 추세가 나타난다.

가격이 하락하더라도 매번 전 저점보다 조금씩 높아진다.

이는 의도적인 눌림과 매집 과정이다.

➜ 결국 세력의 계획된 움직임이며 상승 준비 단계다.

넷째, 작은 호재에도 민감하게 즉시 반응한다.

뉴스 하나, 공시 하나에도 빠르게 반등한다.

즉각적인 강한 거래량이 동반된다.

➜ 시장이 그 종목을 주목하며 '기다리고 있다'는 명확한 증거다.

➜ 이 4가지 조건을 충족한 종목은 반드시 구조적으로 반등한다.

✅ 세력주에 물리면 '시간'과 '근거'를 확보할 수 있다.

기돈시 전략은 무작정 감정적으로 버티라고 하지 않는다.

오히려 버틸 수 있는 명확한 근거와 시간을 시스템적으로 제공한다.

최초 매수 이후 주가가 추가 하락하면,

사전 설계된 기준(직전 매수가가 -10% 하락할 때마다 분할 매수)으로 분할 매수를 진행한다.

➜ 평균 단가가 낮아져 심리적 안정감이 생긴다.

➜ 반등 시 빠르게 분할 매도하여 실현이익을 모을 수 있다.

세력주는 반드시 가격을 다시 끌어올려려 하는 구조다.

세력의 물량을 털기 위한 강한 반등이 한 번 이상 반드시 발생한다.

세력은 통상적으로 본인들의 평균 매수가 대비 +50~100% 이상으로 가격을 끌어올려야만 털고 나갈 수 있다.

왜냐하면, 물량을 털고 나가기 위해서는 시장의 주목을 받으면서 가격을 올리고 대량 거래량을 발생시켜야 하기 때문이다.

➜ 투자자는 이때 정해 둔 수익률 기준에 따라

분할 매도를 실행하여 수익을 확정한다.

⊘ 반면, 세력이 없는 종목은 왜 위험한가?

세력이 부재한 종목은 급락 후 거래량이 급격히 감소한다.

의미 없는 하락 횡보만 반복한다.

작은 호재에도 시장의 관심을 끌지 못하고 반등하지 않는다.

➜ 기다림이 길어질수록 투자자의 자금은 완전히 묶인다.

➜ 손실이 점점 고착화되며 결국 계좌의 유동성이 사라진다.

➜ "기다리면 회복된다."라는 말은 세력주에만 적용되는 전략이다.

⊘ 기돈시 시스템은 철저히 '세력주'만을 골라 투자한다.

세력주는

기돈시의 모든 전략이 완벽히 적용될 수 있는 최적의 종목이다.

조건이 명확하여 1차 진입과 추가 분할 매수 타이밍이 분명하다.

하락 후 반드시 일정 시간 내 회복할 구조적 이유가 있다.

시스템이 감정을 배제한 채

실시간으로 분할 매수와 분할 매도를 제시한다.

➜ 기돈시는 세력주를 통해 '손절 없는 투자'를 가능하게 한다.

➜ 지속적이고 반복 가능한 수익 창출 구조를 만든다.

결론: 투자자가 시장에서 살아남으려면 반드시 세력주에 올라타야 한다.

누구나 실수할 수 있고, 누구나 물릴 수 있다.

중요한 것은 '어디에 물리느냐?'이다.

세력이 존재하는가?

거래량과 구조적 반등 가능성이 있는가?

➜ 이러한 종목이라면 기다림이 전략이고, 반등은 필연이다.

기돈시 시스템이 말하는 투자는 감정이 아니다.

철저히 시스템에 의한 구조적 접근이다.

세력주만을 선정하고 진입하는 구조는

투자자를 시장에 살아남게 한다.

계좌를 안정적으로 성장시키고

지속적이고 반복적인 수익을 만들어 낸다.

세력주는 절대 무너지지 않는다.

세력이 존재하는 한 당신의 계좌도 절대 무너지지 않을 것이다.

➜ 기돈시의 투자 전략이 바로 당신을 지키는 최후의 무기다.

2 테마가 아니라 본질을 본다

✅ 주식시장에는 언제나 '핫한 테마'가 존재한다.

"요즘 AI가 대세야."

"2차 전지는 무조건 가야 해."

"로봇주, 지금 사지 않으면 놓친다."

"정부 정책 테마주라 무조건 오른다."

이렇게 투자자들은 매번 새로운 테마에 열광한다.

하지만 그 끝은 늘 똑같다.

빠르게 올라가고, 빠르게 꺼진다.

➜ 일찍 탄 사람만 돈을 벌고, 늦게 탄 사람은 크게 물린다.

기돈시는 항상 같은 원칙을 강조한다.

"테마는 보조다. 본질이 기준이어야 한다."

왜 그런가? 테마는 단순히 방향만 제시할 뿐이고,

본질은 회복을 보장하기 때문이다.

✅ 테마는 순식간에 뜨겁게 달아오르고 금방 식는다.

한국 주식시장에서 테마의 전형적인 흐름은 다음과 같다.

1) 뉴스 한 줄이 뜨면 → 테마 형성

2) 투자자 관심 급증 → 관련주 급등 시작

3) 수급이 몰리며 → 단기간에 상한가 연속 기록

4) 세력과 큰손들이 빠져나가기 시작하면 → 급락 시작

5) 이슈가 식으면 → 테마는 소멸하고 만다.

이 모든 과정은 보통 3일에서 길어야 한 달 안에 끝난다.

그러면 개인 투자자들은 언제 진입하는가?

이미 급등한 후, 대부분 고점에서 뛰어든다.

가격이 떨어지기 시작하면 수급은 끊기고,

버티는 것 외에 다른 전략이 없다.

➡ 결국, 심리적 피로와 큰 손실로 끝난다.

➡ 회복은 요원하고 계좌는 깊이 물려 버린다.

✅ 그렇다면 본질이란 무엇인가?

기돈시가 말하는 본질은 단순히 좋은 실적을 의미하지 않는다.

본질은 세력과 구조를 갖춘 종목이다.

본질적인 종목의 명확한 조건은 다음 4가지다.

첫째, 확실한 '세력성'이 존재한다.

지속적인 거래량과 수급 유지가 핵심이다.

세력은 한번 매집하면

자신들이 원하는 가격에 도달할 때까지 빠져나가지 않는다.

➡ 이는 가격의 구조적 회복 가능성을 보장한다.

둘째, 테마가 꺼져도 스스로 회복할 수 있는 힘이 있다.

단지 테마 하나에만 의존하지 않고 뼈대가 탄탄한 종목이다.

이런 종목은 테마가 끝나도

일정 수준에서 지지를 받으며 구조적으로 반등한다.

➡ 기돈시는 테마 형성 초기나 저점 진입을 원칙으로 한다.

셋째, 급등 후 이미 고점이거나, 고점에서 꺾인 종목은 철저히 배제한다.

한번 고점에 물리면 회복은 장기화되거나 불가능할 수 있다.

따라서 이미 큰 폭의 상승을 기록한 종목은 절대 들어가지 않는다.

넷째, 저점에서 '턴어라운드'를 명확히 보이는 종목에 진입한다.

저점에서 강한 거래량과 장대 양봉이 출현한 종목이다.

세력이 강력하게 매집하고 있다는 신호이며,

반등이 본격화될 수 있다.

➜ 이는 안정적이고 반복 가능한 구조를 만든다.

✔ 테마는 회복을 보장하지 않는다.

테마주의 가장 큰 위험은

"테마가 사라지면 모든 것이 끝난다."라는 점이다.

수급은 즉시 빠지고, 거래량은 급감한다.

실적과 펀더멘털이 없으면 바닥에서 다시 올라올 이유가 없다.

투자자의 자금은 그대로 묶여 장기간 고착된다.

➜ 기다림은 손실을 키울 뿐이며, 손절만이 남는다.

✔ 초기에 진입한 세력주는 반드시 회복 가능성이 있다.

세력주가 회복 가능한 이유는 명확하다.

세력은 매집한 물량을 반드시 본전 이상에서 털어야 한다.

따라서 가격을 끌어올리는 과정이 필연적으로 반복된다.

가격이 하락하더라도 일정 가격 아래에서 '방어적 매수'가 들어온다.

➜ 세력이 존재하는 이상 구조적 회복은 반드시 발생한다.

➜ 투자자는 기다림을 전략으로 전환할 수 있다.

✔ 기돈시 시스템은 테마가 아니라 저점 세력주를 선택한다.

기돈시는 단지 뉴스나 테마에 반응하지 않는다.

수급 흐름과 거래량, 기술적 패턴을 철저히 분석해 종목을 고른다.

급등 직후의 고점 종목이 아닌,

저점에서 반등을 준비하는 종목을 선정한다.

수익을 실현하면

다시 다음의 '움직이는 저점 세력주'로 자금을 빠르게 이동시킨다.

➔ 테마의 유혹을 버리고, 반복 가능한 구조만을 신뢰한다.

결론: 급등은 테마가 만들지만, 회복은 오직 세력이 만든다.

지금 당신의 종목이 하락하고 있다면 반드시 질문해야 한다.

"이 종목은 정말 세력이 존재하는가?"

"세력이 물려서 빠져나가지 못하고 있는가?"

"가격을 다시 끌어올릴 수밖에 없는 구조인가?"

만약 답이 모두 'YES'라면

기다림은 전략이고, 반드시 회복될 것이다.

하지만 답이 'NO'라면

지금 당신의 기다림은 오히려 손실을 더 키울 뿐이다.

➔ 테마주에 취하지 말고, 본질과 구조에 집중하라.

➔ 본질이 있는 저점 세력주에만 투자하라.

기돈시 시스템이 강조하는 것은 감정이 아니라 구조다.

테마에 흔들리지 말고 본질과 세력을 보라.

본질과 구조가 있는 종목만이 반복 가능한 수익을 만든다.

테마를 따라가면 운에 맡기는 것이고,

본질을 따라가면 필연적 구조에 맡기는 것이다.

당신의 투자는 운이 아닌 구조 위에 있어야 한다.

➔ 그래서 테마가 아니라 본질이다.

➔ 본질이 있는 종목, 구조가 있는 종목이 당신 계좌를 지킨다.

바닥을 다진 주식을 골라라

✓ 주식시장에서는 매일 바닥에 관한 이야기가 나온다.

"이 종목 이제 바닥 아닐까요?"

"더는 안 빠질 것 같아서 들어갔는데 또 떨어졌어요."

"이 정도면 바닥이 확실하지 않을까요?"

투자자들이 가장 좋아하면서도 두려워하는 말이 바로 '바닥'이다.

바닥에서 사면 수익은 극대화된다.

하지만 현실에서는 바닥을 제대로 잡는 투자자가 거의 없다.

대부분의 투자자는 바닥을 차트나 감으로만 판단하기 때문이다.

기돈시는 명확하게 말한다.

"바닥을 예측하지 마라. 바닥을 '확인'하라."

바닥이란 단순히 많이 빠진 가격대가 아니다.

바닥이란 세력이 큰돈을 넣어 지지 기반을 형성한 구조적 상태다.

➜ 즉, 바닥은 가격이 아니라 '구조'다.

✓ 바닥은 단순한 가격대가 아니라 '확실한 구조'다.

많은 투자자가 착각하는 부분이 여기에 있다.

"이전 저점 근처니까 바닥이다."

"엄청나게 빠졌으니 더는 안 빠지겠지."

"기술적 반등 신호가 있으니 바닥이 맞다."

➜ 이런 판단은 모두 주관적이며 감정적이다.

➜ 대부분은 틀리고 만다.

진짜 바닥은 '떨어진 자리'가 아니다.

진짜 바닥은 '다시 상승할 수 있는 힘'이 있는 자리다.

가격이 아니라 수급과 구조가 이를 결정한다.

✅ 그렇다면 "바닥을 다졌다."라는 건 정확히 무엇을 의미하는가?

기돈시는 바닥이 형성됐다는 것을 판단할 때,

명확히 4가지 조건을 본다.

첫째, 하락 폭이 줄어들며 하락 속도가 둔화된다.

급락 이후, 추가 하락 폭이 눈에 띄게 작아진다.

➜ 하락 에너지가 소진되고 있다는 신호다.

둘째, 일정 가격대에서 반복적으로 지지를 받는다.

특정 가격 근처에서 여러 차례 강력한 지지가 나타난다.

➜ 그 가격대에서 충분한 매물 해소가 이루어지고 있다는 뜻이다.

셋째, 거래량이 급격히 감소하며 하락이 멈춘다.

던질 물량이 소진되고 버티는 물량만 남은 상태다.

➜ 추가 공급이 한계에 도달했다는 명확한 증거다.

넷째, 작은 반등에도 거래량이 크게 증가하며

강력한 매수세가 들어온다.

약간의 상승만으로도 강력한 수급이 붙는다.

➜ 시장 참여자들이 매수 타이밍을 기다리고 있다는 신호다.

➜ 이 네 가지 조건이 동시에 충족된 종목은

"확실히 바닥을 다졌다."라고 판단할 수 있다.

✅ 바닥을 다진 종목이 투자에 중요한 이유는 무엇인가?

첫째, 추가 하락 리스크가 극히 제한적이다.

이미 충분히 하락했고 추가 하락할 공간이 적기 때문이다.

➜ 투자자는 편안하게 기다릴 수 있다.

둘째, 회복 속도가 빠르고 탄력적이다.

매물이 이미 해소되었기 때문에

반등할 때 작은 거래량으로도 가격이 빠르게 오른다.

➜ 회복 속도가 매우 빠르게 나타난다.

셋째, 손절 없이도 대응 가능한 구조를 만든다.

하락 시 분할 매수를 통해 평균 단가를 낮출 수 있다.

반등 시 매수 가격 이상에서 수익 실현 가능성이 높다.

➜ 심리적으로 안정된 투자를 지속할 수 있다.

넷째, 명확한 회복 가능성이 기다림을 전략적으로 바꾼다.

구조적 회복 가능성이 크기 때문에

투자자는 감정이 아닌 명확한 근거로 기다릴 수 있다.

➜ 감정 소모 없이 안정된 투자가 가능하다.

ⓒ 기돈시 시스템은 '바닥을 다진 종목'만을 철저히 고른다.

기돈시 시스템의 종목 선정은 철저한 구조적 조건을 따른다.

1) 최근 거래량 패턴과 지속적인 대량 거래량 발생 여부 확인

2) 주봉과 월봉상 강력한 기술적 지지선 존재 여부 판단

3) 하락률 대비 매수세가 얼마나 적극적으로 붙는지 확인

4) 세력이 강력한 자금을 투입하여 회복 가능성을 명확히 하는지 판단

➜ 기돈시는 단순한 단기 반등 종목이 아니라,

구조적으로 회복 가능성이 명확한 종목만 선정한다.

ⓒ 바닥에서 사는 것이 아니라

'바닥이 확인된 종목'을 선택해야 한다.

바닥을 맞히는 것이 중요한 게 아니다.

정말 중요한 것은 바닥이 명확하게 다져졌는지 확인하는 것이다.

1) 바닥은 예측의 대상이 아니라 확인의 대상이다.

2) 바닥은 버틸 수 있는 구조가 존재하는 자리다.

3) 수급과 거래량이 붙어 있어야 한다.

4) 기술적 지지선이 탄탄하게 존재해야 한다.

이 네 가지 조건을 모두 충족한 자리만이 진정한 바닥이다.

결론: 주가가 많이 빠졌다고 모두 바닥은 아니다.

많이 하락했다고 저렴해지는 것도 아니다.

기술적 바닥과 심리적 바닥이 겹치는 곳에서

세력의 수급과 강력한 구조가 형성되어야 진정한 바닥이다.

기돈시가 말하는 진짜 바닥은 바로 이런 곳이다.

기돈시는 오직 이런 종목만을 엄선해 투자한다.

➡ 그래서 기돈시에서는 물려도 반드시 살아 나오고,

기다림은 명확한 수익으로 돌아온다.

➡ 기돈시의 투자는 운이 아니라 철저히 구조 위에 존재한다.

4 살아나오는 흐름을 예측하라

✓ 매일 투자자들로부터 비슷한 질문을 받는다.

"이 종목, 어디까지 떨어질까요?"

"다시 올라올 가능성이 있을까요?"

"기다리면 언젠가는 회복하겠죠?"

➜ 이러한 질문을 들을 때마다 나는 항상 같은 말로 되묻는다.

"그 종목에서 살아날 흐름이 보입니까?"

왜냐하면, 중요한 것은 종목 그 자체가 아니라,

그 종목이 가진 '흐름의 상태'이기 때문이다.

많은 투자자는 회복을 단순히 기다림의 결과로만 생각하지만,

➜ 진짜 회복은 기다림의 결과가 아니라

명확한 시장 흐름과 구조가 맞아떨어질 때 일어난다.

기돈시는 이렇게 강조한다.

"누구나 투자 중에 손실을 경험할 수 있다.

하지만 중요한 것은

다시 살아 나올 수 있는 흐름을 정확히 선택하는 것이다."

✅ 주가는 언제든 반등할 수 있지만,

모든 종목이 반등하지는 않는다.

➜ 오히려 많은 종목이 하락 후

다시는 회복하지 못하는 경우가 더 많다.

반등에 성공하는 종목에는 반드시 '반등 가능한 흐름'이라는

명확하고 구체적인 특징이 존재한다.

기돈시가 말하는 살아나는 흐름은

다음과 같은 4가지 필수 조건을 모두 충족해야 한다.

✅ 살아나는 흐름을 판단하는 4가지 명확한 조건

첫째, 거래량이 여전히 활발히 유지되어야 한다.

급락했지만 물량을 쉽게 처리하지 못하고 거래가 계속 이어진다.

꾸준한 거래량은 시장의 관심이 지속되고 있다는 신호이며,

매물이 충분히 소화되고 있다는 증거다.

➜ 결국, 흐름의 출발점은 거래량에서 비롯된다.

둘째, 명확한 기술적 지지 구간이 존재해야 한다.

주봉이나 월봉 차트상에서 주요 지지선이 명확히 유지되어야 한다.

과거 저점 부근에서 반복적으로 반등하는 모습이 나타나면,

이는 더 이상의 급격한 하락을 막는 구조적 안정성을 의미한다.

➜ 기술적 지지가 명확하면 추가 하락의 위험이 크게 줄어든다.

셋째, 소폭의 반등에도 강력한 거래량이 붙어야 한다.

적은 폭의 상승에도 강력한 매수세가 지속적으로 유입된다면,

시장 참여자들이 적극적으로 종목의 반등을 기다리고 있다는 신호다.

➜ 작은 상승에도 거래량이 폭발적으로 늘어난다면,

빨리 회복할 가능성이 높다.

넷째, 세력성 패턴이 꾸준히 나타나고 있어야 한다.

차트에서 매집형 캔들과 같은 세력성 패턴이 반복적으로 등장해야 한다.

가격이 일정한 구간에서 수렴한 뒤

강력한 상승 패턴이 주기적으로 반복된다면,

이는 해당 종목을 움직이는 주체들이

뚜렷한 의도를 가지고 있다는 것을 나타낸다.

➜ 이러한 패턴은 향후 강력한 상승을 이끌 가능성을 높인다.

ⓒ 살아나는 흐름은 감정이 아닌 구조적 분석에서 나온다.

흐름을 예측할 때는 결코 감정적으로 접근해서는 안 된다.

"이 정도면 오르겠지."

"호재 뉴스가 나왔으니 이제 오를 것이다."

"이 회사는 기본이 좋으니 결국 상승할 거야."

➜ 이러한 막연한 기대는 자칫 큰 손실로 이어질 수 있다.

기돈시는 절대 감정에 기대지 않는다.

거래량의 변화율, 수급의 추세, 캔들 패턴의 연속성, 이평선, RSI, MACD 등 기술적 지표와 같은 명확한 구조적 조건이 동시에 충족될 때만 진입을 결정한다.

➜ 철저한 분석을 통한 구조적 접근만이 성공적인 투자를 만든다.

✓ 살아나는 흐름에는 명확한 '패턴'이 존재한다.

기돈시가 주목하는 살아나는 흐름의 전형적인 패턴은 다음과 같다.

1) 장기간의 횡보 후 거래량이 급격히 증가하면 상승의 신호탄이 된다.

2) 초기 상승 후 눌림목 구간에서 명확한 기술적 지지를 확인한다.

3) 거래량이 다시 증가하면서 이전 고점을 돌파하고 본격적인 상승 국면으로 진입한다.

4) 설정된 수익 실현 목표에 도달하면 신속하고 확실하게 분할 매도를 통해 수익을 실현하게 한다.

➜ 이러한 구조가 반복적으로 나타나는 종목이 살아날 가능성이 높은 종목이다.

결론: 살아 나오는 흐름을 정확히 예측하고 반드시 확인하라.

그래야 손절 없는 수익을 만들 수 있다.
아무 종목이나 무작정 버티면서
막연한 기대감에 의존해서는 안 된다.
단순한 가격 하락에 속아 손실을 키우지 마라.
반드시 살아날 수 있는 명확한 흐름과 구조를 확인한 후 진입하라.
기돈시는 이처럼 살아날 흐름을 구조적으로 분석하고,
명확한 조건에 따른 시스템적인 타이밍으로 매매를 실행함으로써,

투자자가 지속적이고 안정된 수익을 창출하도록 돕는다.

기돈시의 투자는 운이 아니라 철저히 구조에 기반한다.

➜ 살아 있는 흐름을 정확히 포착하여,

안정적이고 지속 가능한 투자 수익으로 연결하라.

흐름을 읽고 구조를 따라 투자하면,

➜ 당신의 계좌는 항상 수익을 향해 꾸준히 전진할 것이다.

5 다양한 업종, 다양한 흐름에서 엄선

"요즘은 2차 전지 아니면 안 간다."

"IT가 죽었으니 이제 바이오로 갈아타야죠."

"지금은 방산만 봐야 합니다."

➜ 시장은 늘 '주도 업종'이라는 이름 아래 열광을 만든다.

특정 업종이 상승 흐름에 올라타면

수많은 투자자가 마치 불나방처럼 몰려든다.

언론은 칭찬을 쏟아 내고,

커뮤니티는 폭등 가능성을 앞다투어 확신한다.

➜ 하지만 열광은 오래가지 않고,

그 뒤에는 반드시 급락과 붕괴의 위험이 숨어 있다.

기돈시는 이렇게 말한다.

"업종은 반드시 분산하라.

하나의 흐름에 집중하면, 계좌도 함께 흔들린다."

✅ 업종 몰빵은 단기적 성공을 유혹하지만,

장기적으로는 계좌를 파괴한다.

투자자는 단기간 폭등한 종목 사례에 매료된다.

하지만 그런 성공은 대부분 '순간적인 현상'이다.

시장 흐름은 늘 바뀌어 왔다.

- 2020년: 언택트, 게임
- 2021년: 반도체, 2차 전지
- 2022년: 방산, 조선
- 2023년: AI, 로봇, 건설
- 2024년: 원전, 철강, 건자재

➡ 매년 주도 업종은 바뀌고,

오늘의 주도 섹터가 내일도 오를 가능성은 전혀 보장되지 않는다.

➡ 특정 업종에 집중한 계좌는 결국 '모 아니면 도'의 게임을 한다.

➡ 주도 업종이 무너지면 계좌도 무너지고,

투자자의 멘탈까지 붕괴된다.

✅ 다양한 업종 = 더 많은 기회 + 강력한 리스크 완충

기돈시는 업종 분산을 핵심 전략으로 설정하고 있다.

그 이유는 단순한 분산이 아니라

수익성과 안정성의 균형을 위한 설계다.

기돈시의 업종 분산 전략 구조는 다음과 같다.

구성 항목	기준 설명
40종목 분산 매수	종목당 자금 비중 2.5% 이내로 제한
업종 중복 최소화	동일 업종 보유 종목 2~3개 이내 제한
수급 기반 우선	단순 인기 업종이 아닌 자금 유입 흐름 우선

➜ 이는 단순한 분산이 아니라,

시장 주기와 리스크 전이를 고려한 전략적 설계다.

✅ 업종 분산이 가지는 4가지 실전 효과

① 시장 변동성 방어력 증가

- 특정 업종이 급락해도,

- 다른 업종이 상승하며 계좌의 충격을 완화시킨다.

➜ 예: 반도체가 하락해도 금융·바이오가 수익을 지탱

② 뉴스와 이슈에 휘둘리지 않는 전략 구축

- 하나의 테마, 뉴스에 계좌 전체가 흔들릴 일이 없다.

- 심리적 동요를 줄이고 일관된 매매가 가능해진다.

③ 현금 흐름이 끊기지 않는다.

- 일부 업종이 쉬어도

- 다른 업종이 수익을 내면 자금 회전은 계속된다.

➜ 100개의 수익 톱니바퀴가 끊임없이 돌아간다.

④ 감정적 안정 유지

- 업종이 다양하면 특정 산업의 흐름에 일희일비하지 않는다.

➜ 투자자의 심리는 평온해지고, 판단은 명확해진다.

✅ 업종 다양성은 '시장 읽기' 능력을 키운다.

기돈시의 업종 분산 전략은

단순히 리스크를 나누는 것을 넘어서

시장의 전체 흐름을 통찰하는 안목을 길러 준다.

- 어느 업종이 막 살아나는가?

- 어떤 업종에 자금이 몰리고 있는가?

- 과열된 섹터는 어디고, 다음 주도주는 무엇인가?

➔ 다양한 업종을 경험한 투자자는

이 질문들에 직관이 아닌 데이터와 루틴으로 답하게 된다.

☑ 종목 수보다 더 중요한 것은 업종 수다.

많은 투자자가 '종목을 많이 사면 분산'이라 착각한다.

하지만 10개의 종목이 전부 2차 전지라면,

➔ 그것은 하나의 종목을 10배 산 것과 다르지 않다.

예: 삼성SDI, LG에너지솔루션, 에코프로, 포스코퓨처엠….

➔ 모두 같은 흐름, 같은 위험에 노출되어 있다.

➔ 한 번의 하락에 계좌 전체가 흔들릴 수 있다.

기돈시는 이렇게 분산한다.

   - 업종을 다르게,

   - 종목을 다르게,

   - 자금도 다르게.

➔ 업종 × 종목 × 금액의 삼중 분리 전략으로

계좌를 흔들림 없는 시스템으로 만든다.

결론: 시장의 흐름이 바뀌어도,
      당신의 계좌는 절대 흔들려선 안 된다.

➔ 그 해답은 바로 업종 분산이다.

기돈시는 말한다.

"하나의 업종만 보는 순간, 당신의 계좌도 한 방향으로 쏠린다.

➔ 흐름을 분산하고, 업종을 분산하라.

➔ 그 안에서 수익은 꾸준히 반복된다."

지금부터 업종을 확실히 나누어라.

➜ 계좌의 안전성

➜ 수익의 지속성

➜ 투자자로서의 평온함

이 세 가지 모두, 당신의 것이 될 것이다.

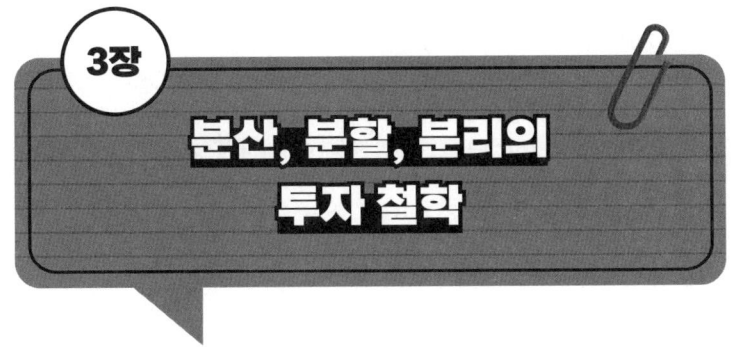

3장

분산, 분할, 분리의
투자 철학

'몰빵'은 계좌를 키우는 전략이 아니라, 무너뜨리는 지름길이다.

40종목 분산은

수익의 변동성을 낮추는 구조적 안전장치이자 심리적 방어막이다.

-10% 하락 시 분할 매수, +10% 상승 시 분할 매도는

감정을 차단하는 루틴이다.

또한, 종목 수만이 아닌 자금까지 이중 분리하는 전략이

계좌를 더욱 견고하게 만든다.

기돈시 핵심 투자 철학 중의 하나:

불확실성에는 분산으로,

감정에는 분할로,

위기에는 구조로 대응하라.

➜ 그렇게 쌓인 수익만이 복리로 자산을 키운다.

왜 '몰빵'은 망하는가

☑ 투자자들이 가장 자주 빠지는 착각이 있다.

"이번엔 확신이 있어."

"이 종목만 터지면 내 인생이 바뀐다."

"몰빵하고 수익을 내면 바로 빠지면 된다."

➔ 이런 생각은 놀랍도록 많은 투자자가 공유하고 있다.

'한 방'의 유혹은 달콤하다.

하지만 현실은 그와 정반대다.

단 한 번의 실패로 계좌는 무너지고,

자산은 급격히 녹아내리며,

자신감은 회복 불가능한 수준으로 떨어진다.

나는 단언한다.

➔ 몰빵은 절대 전략이 아니다.

➔ 몰빵은 착각이며, 도박이다.

➔ 몰빵을 반복하는 순간, 당신의 계좌는 반드시 무너진다.

☑ 몰빵이 실패할 수밖에 없는 5가지 이유

① 확률을 무시한다.

- 주식시장은 본질적으로 불확실하다.

- 100% 확신이 가능한 종목은 존재하지 않는다.

➔ 전 자금을 한 종목에 넣는 순간,

단 한 번의 판단 오류로 전 자산이 증발한다.

② 대응이 불가능해진다.

  - 몰빵 후에는 추가 매수도 불가하고,

  - 새로운 전략도 적용할 수 없다.

➜ 시장 흐름이 바뀌어도 손 놓고 지켜보는 수밖에 없다.

③ 감정이 매매를 지배한다.

  - 전 재산이 걸린 종목은 심리적 압박이 극심하다.

  - 작은 하락에도 공포가 몰려오고,

결국, 감정이 전략을 무너뜨린다.

④ 기회비용이 사라진다.

  - 모든 자금이 묶인 상태에서는

  - 다른 유망 종목에 진입할 기회조차 없다.

➜ 시장이 열려 있어도 내 계좌는 멈춰 있다.

⑤ 반복 불가능한 구조다.

  - 한 번 운 좋게 수익이 나더라도

  - 다음에도 몰빵하게 되고

단 한 번의 실패로 모든 수익이 사라진다.

✓ 몰빵은 종목을 고르는 문제가 아니다.

➜ 그것은 계좌 전체를 도박판에 올리는 행위다.

"이번만 잘되면 회복할 수 있다."

"이번엔 진짜 기회다."

➜ 하지만 그 '기회'는 언제나 감정을 유혹하는 환상일 뿐이다.

➜ 리스크는 한순간에 계좌를 무너뜨리고,

기회는 다시 오지 않는다.

☑ 기돈시는 몰빵을 '원천 차단'하는 구조를 가지고 있다.

➔ 기돈시는 '분산, 분할, 분리'라는 3대 원칙을 철저히 지킨다.

① 종목 분산

- 최대 40개 종목에 분산 매수

- 종목당 자금 비중은 2.5% 이내로 제한

➔ 어느 한 종목이 무너져도 전체 계좌는 안전하다.

② 분할 매수·분할 매도

- 1차 매수 후 주가가 -10%씩 하락할 때마다

➔ 2차, 3차, 4차 매수 진행(총 4회)

- 매수는 정확히 -10% 간격,

- 매도는 각 분할 매수분이 +10% 도달 시 실행

총 100개의 수익 톱니바퀴로 분리된 포트폴리오 구성

➔ 구조적 매매로 평균 단가를 낮추고,

반등 시 수익 실현을 빠르게 진행한다.

③ 감정 분리

- 투자 판단은 감정이 아닌 시그널에 따른다.

- 실시간 자문 시스템이 종목 매수를 즉시 추천하고

분할 매수, 분할 매도 시점을 정확히 제시

➔ 투자자는 판단할 필요 없이 버튼만 누르면 된다.

➔ 몰빵할 수 없는 구조이자, 몰빵할 필요가 없는 시스템이다.

☑ 몰빵은 빨리 수익을 내는 전략이 아니라,

➔ 계좌를 가장 빠르게 망가뜨리는 확실한 경로다.

시장은 매일 기회를 제공한다.

하지만 모든 자금을 한 번에 소진한 사람에겐

➜ 그다음 기회는 없다.

기돈시는 이렇게 말한다.

"천천히, 그러나 반드시."

"작게 나누고, 많이 반복하라."

"흐름은 바뀌고, 전략은 반복된다."

➜ 이것이 바로 기돈시가 제안하는 성공의 원칙이다.

결론: 몰빵을 멈춰야 계좌가 산다.

혹시 지금 이런 생각을 하고 있는가?

'이 종목만 오르면 원금 회복이 가능하다.'

'이번 기회는 확실하니까 전부 다 넣었다.'

'두렵지만 몰빵밖에 답이 없다.'

➜ 만약 그렇다면 당신은 전략이 아닌 희망에 베팅하고 있는 것이다.

지금, 이 순간부터 멈춰야 한다.

➜ 몰빵을 멈추고, 구조적 투자를 시작하라.

1) 종목을 나누고,

2) 매수를 나누고,

3) 감정을 배제하라.

➜ 그때부터 계좌는 터지지 않고

흐름은 멈추지 않으며

수익은 꾸준히 반복된다.

몰빵은 도박이다.

기돈시는 전략이다.

➜ 감정이 아닌 시스템

➜ 도박이 아닌 구조

이 변화가 당신의 계좌를 살리고

➜ 당신의 투자 인생을 바꾸게 될 것이다.

40종목 분산의 구조적 안정성

☑ 많은 투자자가 이렇게 묻는다.

"종목이 너무 많으면 관리가 어렵지 않나요?"

"한 종목에 집중해야 수익률이 높지 않나요?"

"40종목씩 분산하는 건 너무 복잡하지 않나요?"

이럴 때 나는 늘 똑같이 대답한다.

"집중은 빠르지만, 쉽게 무너진다.

분산은 느리지만, 절대 붕괴되지 않는다."

기돈시의 40종목 분산 전략은

속도보다는 지속성에,

한 방보다는 반복 수익에 초점을 맞춘 설계다.

➜ 단기 수익이 아닌 장기 성장 계좌를 만든다.

☑ 많은 투자자가 착각하는 위험한 공식

"확신이 있으니 몰빵한다."

"주도주니까 이 종목에 올인한다."

"지금이 타이밍이니 빠르게 수익 내고 빠지자."

하지만 이 전략은 대부분 비극으로 끝난다.

- 종목이 하락하면 전체 계좌가 급락한다.

- 추가 매수 자금이 없으니 대응도 불가능하다.

- 심리적으로 흔들려 전략 자체가 무너진다.

- 주가 흐름이 끝나면 계좌는 멈추고 회복은 어렵다.

➜ 결과적으로 계좌는 불안정해지고,

시장 변동성에 직격탄을 맞게 된다.

✅ 반면, 기돈시의 40종목 분산 전략은

계좌를 하나의 지속 수익 파이프라인으로 설계한다.

기돈시의 목표는 명확하다.

"어떤 종목이 실패하더라도,

계좌 전체의 수익 흐름이 끊기지 않도록 구조를 만든다."

✅ 40종목 분산 전략이 제공하는 5가지 구조적 안정성

1 리스크 희석의 극대화

- 종목당 최대 투자 비중: 2.5%

- 예: 한 종목이 -20% 급락해도 계좌 전체 손실은 -0.5%

➜ 단 한 번의 하락으로 계좌 전체가 무너지는 일은 없다.

2 지속적인 자금 흐름 유지

- 40개 종목은 모두 다른 상태로 순환 중

• 일부는 매수 대기

• 일부는 손실 회복 대기

• 일부는 매도 대기

• 일부는 수익 실현 후 자금 회수 상태

➜ 계좌는 항상 '흐름'이 존재하는 살아 있는 구조다.

③ 감정 개입 최소화

- 종목당 소액 투자이므로, 하락 시에도 심리적 여유 확보

➡ 투자자는 시스템 신호에만 집중하며,

감정은 자동으로 배제된다.

④ 자금 공백 없는 자동 회전

- 분할 매도로 자금 회수

➡ 회수된 자금은 곧바로 후속 종목 또는 후속 분할 매수에 투입되어
계좌의 활동성은 멈추지 않고, 항상 돈이 돈을 번다.

⑤ 지속 가능한 복리 구조 생성

- 손실 종목은 소수에 그치고,
- 수익 종목은 반복적으로 발생

➡ 장기적으로 계좌는 안정적 복리 곡선으로 성장한다.

✅ "40종목은 너무 많지 않나요?"에 대한 현실적 답변

많은 투자자는 이렇게 묻는다.

"그 많은 종목을 어떻게 매일 다 관리하나요?"

➡ 하지만 기돈시는 사람이 아니라 시스템이 관리한다.

- 총 40개 종목이 채워질 때까지 조건 충족 종목 즉시 추천
- 분할 매수는 실시간 시그널로 안내
- 분할 매도는 시스템이 08:30에 각 분할 매수가 +10%에 일괄 매도 주문
- 투자자는 하루 10분(익숙해지면 단 30초) 이내 점검만으로 전체 흐름 파악 가능

➡ 복잡해 보이는 40종목이 오히려 가장 단순하고 정확한 구조가 된다.

➡ 즉, 40종목은 '많아서 복잡한 구조'가 아니라

'자동화되어 오히려 더 단순한 구조'다.

✅ 반복 가능한 수익은 반드시 '분산 구조'에서 나온다.

한 종목으로 대박을 노리는 건 운이다.

하지만 다수 종목 중 일부가 반복적으로 수익을 내는 구조는

➜ 그것이 바로 시스템 수익이며

기돈시가 구축한 복리 성장의 핵심 엔진이다.

기돈시는 말한다.

"수익의 진정한 본질은 한 방이 아니라,

지속성, 안정성, 반복 가능성이다."

결론: 계좌를 지키고, 성장시키고 싶다면 반드시 '분산하라.'

당신의 종목이 이런 상황에 부닥친다면?

- 갑작스러운 급락이 온다면?
- 거래 정지 같은 이슈가 터진다면?
- 상승이 끝났다면 자금은 어떻게 되나?

이 질문에 스스로 확실한 답을 못 한다면,

➜ 당신의 계좌는 여전히 '몰빵 구조'에 노출되어 있다.

기돈시는 이렇게 말한다.

"분산은 속도를 늦출 수 있다.

그러나 방향을 잃게 두지는 않는다."

40종목 분산 전략은

➜ 계좌의 리스크를 원천 차단하고,

➜ 흐름을 끊기지 않게 하며,

➜ 수익을 반복 가능하게 만드는

가장 강력하고 현실적인 투자 전략이다.

지금부터는 종목을 나누고, 구조를 만들고,

➜ 분산된 흐름 안에서 수익을 반복하라.

그러면 당신의 계좌는

무너지지 않고, 쉬지 않고,

➜ 꾸준한 성장을 시작하게 될 것이다.

40종목 분산의 심리적 안정성

"이렇게 많은 종목을 일일이 다 챙기기엔 번거롭지 않을까요?"

"소수 종목에 집중적으로 투자하는 편이 수익을 더 극대화할 수 있지 않을까요?"

"한 번에 40개나 되는 종목을 운용하는 건 너무 부담스럽지 않나요?"

➜ 이 질문은 초보 투자자부터 경험자까지 누구나 한 번쯤은 던지는 고민이다.

많은 사람이 여전히 '집중 투자 = 효율적 투자'라는 착각에 머무르고 있다.

그러나 기돈시는 분명하게 말한다.

"40종목 분산은 단순히 종목을 나누는 것이 아니라, 감정을 통제하는 구조다."

✓ 수익을 반복하려면 가장 먼저 '심리'를 안정시켜야 한다.

➜ 감정에 흔들리는 계좌는 절대 장기적으로 살아남을 수 없다.

➜ 감정을 통제하는 가장 현실적인 해답이 바로 '40종목 분산 구조'다.

✅ 집중 투자는 강력하지만, 심리를 파괴한다.

집중 투자는 단기적으로 강력한 수익을 줄 수 있다.

하지만 리스크도 그만큼 폭발적이다.

- 하나의 종목이 급락하면

➜ 계좌 전체가 동시에 흔들린다.

- 작은 뉴스 하나에도 불안해지고

➜ 감정이 매매를 지배하기 시작한다.

➜ 전략은 무너지고, 반복 가능한 수익 구조도 붕괴된다.

✅ 분산은 느려 보이지만, '절대' 무너지지 않는다.

기돈시의 40종목 분산 구조는 단지 안전한 것이 아니다.

➜ 의사 결정 스트레스를 줄이고,

감정을 안정시키는 실전 전략이다.

구조적 장점	효과
손실의 국지화	특정 종목이 급락해도 계좌 전체에는 미미한 영향
수익 흐름 지속	한 종목이 손실이어도 다른 종목에서 수익 발생
감정 개입 최소화	특정 종목에 몰입할 필요 없음, 심리적 여유 확보
실패 회복력 향상	일부 실패가 전체 수익 흐름을 멈추지 않음

➜ 이 4가지 요소가 투자자의 심리를 지탱하고

결국, 계좌의 장기적인 복리 성장을 가능하게 만든다.

✅ 왜 하필 '40종목'인가?

많은 이가 묻는다.

"왜 20개도 아니고, 50개도 아닌 40종목인가?"

기돈시는 이 숫자를 정밀하게 설계된 최적값으로 제시한다.

- 종목당 자금 비중은 평균 2.5%

- 하나의 종목이 -20% 급락해도

➜ 전체 계좌 손실은 고작 -0.5% 수준

이 수치는 투자자에게 다음과 같은 심리 신호를 준다.

"한 종목이 흔들려도 내 계좌 전체는 안전하다."

➜ 이것이 바로 '감정적 평온'을 제공하는 핵심 이유다.

✅ 종목 수가 늘어나면, 의사 결정은 오히려 쉬워진다.

집중 투자는 모든 결정이 무겁다.

- 매일 같은 종목을 보며 팔지, 더 살지, 버틸지를 고민한다.

- 감정이 쌓이고, 피로도는 극에 달한다.

반면, 40종목 분산 구조에서는

- 한두 종목의 손실은 의미 없다.

- 감정 몰입 없이 '시스템 신호'에 따라 간단히 결정하면 된다.

➜ 투자자는 더 여유롭고, 판단은 훨씬 냉정해진다.

✅ 진짜 수익의 본질은 '종목 수'가 아니라 '회전 구조'에 있다.

기돈시는 단지 종목을 많이 들고 있으라고 말하지 않는다.

➜ 핵심은 회전이다.

각 종목은

진입 → 분할 매수 → 분할 매도 → 자금 회수 및 이익 실현 → 후속 종목 또는 후속 분할 매수 진입

이라는 고정 루틴 속에서 돌아간다.

40종목 분산 × 4회 분할 매수, 분할 매도 구조 =

100개의 수익 톱니바퀴

➜ 일부가 멈춰도 나머지가 계좌를 움직인다.

➜ 진짜 수익은 '많이 들고 있음'이 아니라

끊임없이 회전하는 구조 안에서 반복적으로 발생한다.

결론: 종목 수를 늘리면 심리가 안정되고, 계좌는 살아난다.

당신의 계좌가

    – 항상 긴장 상태에 있고

    – 작은 하락에도 심리가 무너지며

    – 감정 개입으로 전략이 무너진다면,

➜ 당신은 아직 '분산의 심리 안정 효과'를 체험하지 못한 것이다.

기돈시는 마지막으로 말한다.

"종목 수를 늘려라.

그러면 감정은 줄어들고, 수익은 반복된다."

지금, 당신의 전략을

➜ '집중'에서 '분산'으로 전환하라.

➜ '감정'에서 '시스템'으로 옮겨라.

40종목 구조는 단지 안전한 것이 아니라,

심리까지 설계된 진짜 투자 시스템이다.

➜ 그것이 당신의 계좌를 지키고,

매일같이 수익을 반복하게 만들 것이다.

10% 단위 분할의 심리적 효과

✓ 주식 투자자들이 가장 자주 겪는 감정은 '불안'이다.

"추가 매수를 하려는데 손이 떨린다."

"지금 팔아야 하나요? 수익 구간인데 욕심이 생겨요."

"분할 매수했는데 또 떨어지면 어쩌죠?"

이런 고민은 실력 부족 때문이 아니다.

➜ 명확한 기준이 없기 때문이다.

기준이 없으면 불안이 커지고,

불안은 판단을 흐리며 결국 계좌를 무너뜨린다.

기돈시는 말한다.

"감정은 없앨 수 없다. 하지만 구조로 통제할 수 있다."

그리고 그 핵심 구조가 바로 '10% 단위 분할 전략'이다.

✅ 왜 '10% 단위'인가?

기돈시가 -10% 하락할 때마다 분할 매수,

+10% 상승할 때마다 분할 매도를 고정한 데는

명확한 전략적 이유가 있다.

① 시장 변동성과 기술적 기준이 맞닿아 있다.

　　- 대부분 종목의 일일 변동성은 ±10~15% 범위

➜ 10% 하락은 기술적 지지선, 반등 가능성이 높은 구간

심리적 여유와 실전 균형이 절묘하게 맞는다.

　　- 너무 잦은 매수(3~5% 하락 시마다)는 과도한 트레이딩으로 이어지고

　　- 20% 이상 하락 시는 공포가 커져 매매 포기 가능성 증가

➜ 10% 하락은 실전 대응과 심리 안정의 최적 타점이다.

② 자금 분배의 정교한 밸런스를 맞춘다.

　　- 4회 분할 매수 기준, 각 단계마다 1%씩 자금 배치

➜ 평균 단가를 낮추고 심리적 안정을 확보하면서도

다른 종목에 대응할 여유를 남긴다.

✅ '분할 전략'은 감정을 제어하기 위한 구조다.

투자자는 시장을 예측할 수 없지만,

자신의 감정만이라도 구조로 제어할 수 있다.

기돈시는 이를 위해 '10% 규칙'을 고정값으로 설정했다.

직전 매수 대비 -10% 하락 시 분할 매수

각 분할 매수 건별로 +10% 상승 시 분할 매도

➜ 이 단순하고 반복 가능한 수치가

➜ 판단을 제거하고 감정을 배제하며

➜ 실행만 남기는 시스템을 만든다.

✅ 하락 시 '공포'가 아닌 '기회'로 바뀐다.

보통 하락장은 투자자의 멘탈을 공격한다.

'지금 들어가도 되나?'

'여기서 또 떨어지면?'

'더 기다려야 하나?'

이런 불안은 실행을 망설이게 하고,

결국, 기회를 놓치게 만든다.

기돈시는 하락을 구조적으로 분해했다.

  - 1차 매수 후 -10% 하락 → 2차 매수

  - 다시 -10% 하락 → 3차 매수

  - 또다시 -10% 하락 → 4차 매수

➜ 평균 단가 하락 및 심리적 안정

➜ 반등 시 빠른 실현 수익 획득 가능

➜ 하락은 공포가 아니라 정해진 진입 타점이 된다.

✅ 상승 시 '욕심'이 아닌 '확정된 수익 실현'으로 바뀐다.

수익 구간에서도 흔들리는 감정이 있다.

"더 오를 것 같은데 지금 팔기 아까워요."

➔ 결국, 팔지 못하고, 수익이 손실로 바뀌는 일은 흔하다.

기돈시는 +10% 기준으로 수익 실현을 자동화했다.

- 각 분할 매수 건이 +10% 상승 시 분할 매도

- 일부 물량은 보유해 추가 수익도 기대 가능

➔ 욕심이 아니라 구조로 수익을 확정한다.

➔ 반복 가능한 수익 습관이 자리 잡는다.

☑ 10%는 실전에서 입증된 최적의 '심리 균형점'이다.

① 현실적 기대 수익률과 일치

- 일반 투자자는 5~15% 수익에 심리적 만족

➔ 10%는 가장 적절한 수익 실현 기준

② 조급함을 방지하고 실익을 극대화

- 3~5%에서 조기 매도하는 습관을 차단

➔ 보다 의미 있는 수익을 구조적으로 확보

③ 이익 실현 속도와 반복성 모두 만족

- 반등 구간마다 실현이익을 빠르게 회수

- 수익은 현금으로 전환돼 계좌를 계속 순환시킨다.

④ 시스템화와 자동화가 용이한 기준

- 기돈시 시스템은 10%를 기준으로

• 실시간 분할 매수 시그널

• 실시간 분할 매도(시스템이 08:30에 각 분할 매수가 +10%에 일괄 매도 주문)

• 자금 회전 자동화

➔ 투자자는 판단이 아닌, 실행만 하면 된다.

☑ 기돈시의 10% 전략은 '리듬'이다.

-10% 하락은 기회다.

+10% 상승은 수익이다.

➜ 이 단순한 리듬이

➜ 계좌를 안정시키고 수익을 반복하게 만든다.

몰빵은 배제되고,

감정은 차단되며,

구조는 반복되고,

➜ 그 결과, 기다리면서도 돈을 계속 버는 시스템이 완성된다.

결론: '10% 전략'은 수익을 반복시키는 투자자의 자동 루틴이다.

기돈시는 말한다.

"-10% 하락은 기회다.

+ 10% 상승은 수익이다.

이 흐름을 반복하면 수익은 반드시 누적된다."

투자는 예측이 아니라 구조다.

➜ 그 구조를 실천 가능하게 만든 숫자가 바로 '10%'다.

➜ 이 숫자가 기계적으로 반복되는 순간,

당신의 계좌는 감정이 아닌 시스템에 의해 성장하게 된다.

종목과 금액의 이중 분리 전략

☑ 주식 투자자라면 귀에 못이 박히도록 들어 온 말이 있다.

"절대 몰빵하지 마라."

"자금을 분산해 리스크를 줄여라."

"종목 분산이야말로 안정 투자의 핵심이다."

➔ 문제는 이 '기본 원칙'을 실제로 실행하는 사람이 드물다는 점이다.

분산한다고 말은 하지만,

실제로는 '종목 수만 많고 자금은 특정 종목에 쏠려 있는'

기형적인 몰빵 구조가 많다.

기돈시는 분명히 말한다.

"진짜 분산이란, 종목과 금액이 동시에 분리될 때 완성된다."

➔ 이것이 바로 기돈시가 제시하는 '이중 분리 전략'이다.

☑ 종목만 많고, 금액은 한곳에 쏠려 있다면?

예를 들어, 5종목을 보유하고 있지만

그중 한 종목(A)에 전체 자금의 60%를 투입했다면,

나머지 4종목에 아무리 자금을 나눠도

➔ 사실상 A 종목 몰빵 상태다.

이때 A 종목이 -20% 급락하면

➔ 전체 계좌는 -12%의 치명타를 입게 된다.

다른 종목이 소폭 수익을 내도 상쇄는 불가능하다.

➔ 종목만 나눈 분산은 계좌를 지켜 주지 못한다.

☑️ 금액만 나누고, 종목은 같은 섹터에 몰리면?

다른 예를 보자.

총 10개 종목에 자금을 균등하게 배분했다.

그런데 그중 8종목이 모두 2차 전지 섹터라면?

➡ 섹터 악재 하나로 대부분의 종목이 동시에 하락한다.

➡ 금액은 분산됐지만, 실질적으로는 한 산업에 몰빵한 구조다.

☑️ 그래서 기돈시는 '이중 분리'를 시스템으로 설계했다.

1 종목 분산 → 업종/섹터 기준으로 확실히 나눈다.

- 총 40종목 풀 운영

- 보충 종목 추천 시, 반드시 다른 업종/섹터에서 엄선

- 시장 흐름을 입체적으로 포착하고,

➡ 업종/섹터 리스크 분산을 통해 계좌 안정성 확보

2 금액 분산 → 자금은 정확히 구조화해서 배분

- 한 종목당 자금 비중: 2.5% 이내

- 매수는 총 4회로 나눠, 1회당 자금 비중은 1% 이내

➡ 결과적으로 100개의 '소규모 수익 톱니바퀴'로 계좌가 분리

➡ 각 포지션은 작고 가벼워서 심리적 부담이 없고,

➡ 자금은 언제든 회전할 준비가 되어 있다.

☑️ 이중 분리 전략이 만들어 내는 5가지 강력한 효과

1 손실의 국소화

- 특정 종목이 -20% 하락해도

➡ 전체 계좌에 주는 영향은 -0.5% 수준에 그침

2 수익 반복의 다채로움

- 다양한 섹터에서 수익 기회 발생

➜ 어느 하나의 업종에 의존하지 않기에

매일 반복 가능한 수익 구조가 형성된다.

③ 자금 공백 최소화

   - 어떤 종목이 매도되면, 그 자금은 즉시 다른 종목에 투입

➜ 계좌는 항상 작동하며, 자금이 멈추는 일이 없다.

④ 감정적 안정성 확보

   - 종목당 자금이 적기 때문에,

➜ 개별 종목 하락에도 심리적 충격이 적고

전략적 판단이 유지된다.

⑤ 복리 수익의 장기적 증폭

   - 다양한 종목에서 작지만, 반복적인 수익

➜ 시간이 갈수록 누적되어 강력한 복리 구조로 발전한다.

✅ 개인 투자자에게 이중 분리 전략이 '필수'인 이유

개인은 감정에 민감하고,

정보도 느리고,

자금도 제한되어 있다.

➜ 그렇다면 실수를 허용하지 않는 구조가 필요하다.

➜ 자금 몰입도를 줄이고,

➜ 종목 리스크를 다변화하고,

➜ 감정을 배제한 기계적 매매 구조를 만들어야 한다.

기돈시의 이중 분리 전략은

바로 이러한 현실적 제약을 뛰어넘기 위해 고안된 실행형 시스템이다.

✅ 기돈시는 이 전략을 기계화 구조로 완성했다.

   - 종목 추천은 업종·섹터를 고려해 실시간 제공

- 매수는 -10% 하락 시마다 즉시 분할 매수

- 수익은 +10% 상승 시마다 즉시 분할 매도

- 매도된 자금은 곧바로 후속 종목 또는 후속 분할 매수에 투입

➜ 투자자는 단지 시스템을 신뢰하고 버튼만 누르면 된다.

➜ 구조는 기계적으로 이중 분리를 반복하며

계좌는 흔들림 없이 수익을 축적해 간다.

결론: '분산'은 기본이고, '이중 분리'가 완성이다.

종목만 나누는 분산은 불완전하다.

금액만 나누는 분산도 위험하다.

➜ 종목과 금액이 동시에 분리될 때,

➜ 비로소 계좌는 구조적으로 살아남는다.

기돈시는 하나의 계좌 안에

100개의 작은 독립 수익 톱니바퀴를 심어 두었다.

➜ 시장이 흔들려도

➜ 계좌는 흔들리지 않고

➜ 수익은 계속해서 반복된다.

이것이 바로,

기돈시가 제시하는 완벽한 이중 분리 전략이다.

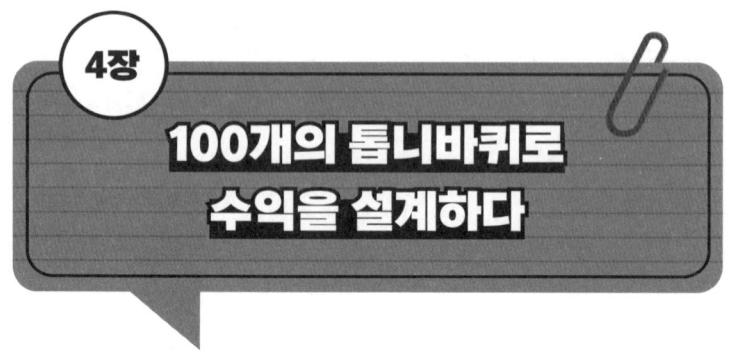

4장
100개의 톱니바퀴로 수익을 설계하다

수익은 한 번의 매매가 아니라,

끊임없이 회전하는 구조에서 만들어진다.

기돈시는 100개의 수익 톱니바퀴로 자금을 분리하고,

매수-매도-회전을 자동화해

➜ 계좌를 멈추지 않고 돈이 흐르게 설계한다.

하나의 종목이 쉬는 동안 다른 종목이 수익을 내며,

기다림조차도 수익의 대기 구간이 된다.

➜ 수익은 일회성이 아닌,

매일 반복되는 구조화된 복리의 흐름으로 확장된다.

100개의 수익 톱니바퀴로
구성하는 이유

1 철저한 데이터 분석

➔ 과거 2년간의 확률과 통계를 바탕으로 기존 K13 모델을 업

그레이드하여 최적화

2 완벽한 균형점 설계

➔ 수익 극대화와 리스크 최소화가 만나는 최적의 균형점을 찾

아냄

3 현실적인 분할 매수 구조

➔ 40개 종목을 4회 분할 매수하면 최대 160개지만, 실제 시

장 하락에 따라 자연스럽게 조정되어 현실적으로 100개 수준

이 적정

(예: 1차 40개, 2차 30개, 3차 20개, 4차 10개 = 총 100개)

4 지속 가능한 수익 시스템

➔ 100개의 수익 톱니바퀴가 지속적으로 회전하며 '기다리면

서도 돈을 계속 버는 시스템(기돈시)'을 완성

기돈시 Portfolio

분할	분산: 40개 종목으로 분산							
종목당 4번 분할매수 (가격 하락 대비)	1차 매수	1	2	3	4	...	39	40	40개
	2차 매수	1	2	3	4	30			30개
	3차 매수	1	2	3	20				20개
	4차 매수	1	2	10					10개
	합계	분리: 총 100개로 분리하여 분할매수, 분할매도							100개

* 2~4차 매수는 신의 손으로 최적 배분토록 자문

매수 타이밍과 구조의 연결

✓ 투자자들이 가장 자주 던지는 질문이 있다.

"지금 들어가도 될까요?"

"더 떨어질 것 같은데 기다려야 하나요?"

"언제 사는 게 가장 좋을까요?"

➜ 결국, 모든 투자자는 '타이밍' 앞에서 흔들린다.

그리고 대부분 그 타이밍에 실패한다.

이유는 단 하나다.

➜ 매수를 감과 예측에 맡기기 때문이다.

기돈시는 명확히 말한다.

"매수 타이밍은 맞추는 것이 아니라 설계되는 것이다."

예측이 아닌 구조,

감이 아닌 시스템 속에서

➜ 매수 타이밍은 기계적으로 작동해야 한다.

✓ 타이밍을 예측하려는 매매는 반드시 무너진다.

실패한 투자 패턴을 보자.

   - 급등 뉴스를 듣고 뒤늦게 진입

➜ 고점에서 몰빵

➜ 이후 하락 시작, 공포 속 손절

   - 혹은 하락을 보고 망설이다 반등이 온 뒤 추격 매수

➜ 다시 고점에 물린다.

➜ 이 모든 실패는 '예측'과 '감정'에 타이밍을 맡겼기 때문이다.

✅ 기돈시는 타이밍을 '구조화'하여 반복 가능한 방식으로 만든다.

기돈시의 매수 타이밍 구조는 다음과 같이 정해져 있다.

① 1차 진입

- 총 보유 종목이 40개 미만이 될 때

➜ 시스템이 40개 종목이 채워질 때까지 보충 종목을 즉시 추천

➜ 추천 종목은 엄격한 조건을 통과한 '물살종' 중심으로 선별됨

② 2~4차 분할 매수

- 각 매수 후 주가가 -10% 하락 시마다

➜ 실시간 분할 매수 시그널 송신

➜ 총 4회까지 기계적 분할 구조로 진입

➜ 타이밍은 감정이 아니라 구조 안에서 정해진 규칙으로 반복된다.

✅ 왜 매수 타이밍은 '구조'에 연결돼야 하는가?

① 시장은 예측 불가능하다.

- 뉴스, 차트, 지표 모두 불완전한 정보일 뿐

- 운 좋게 맞출 수는 있어도 반복은 불가능하다.

② 감정은 타이밍을 왜곡한다.

- 욕심은 너무 빠른 진입을 유도하고

- 공포는 절호의 기회를 놓치게 만든다.

③ 구조화된 타이밍만이 반복 수익을 가능케 한다.

➜ 그래서 타이밍은 반드시 루틴이 되어야 한다.

✅ 기돈시의 매수 및 매도 타이밍은 완전 시스템화되어 있다.

- 1차 진입: 종목 수 40개 미만 시 즉시 추천

- 2~4차 매수: -10% 하락 시마다 실시간 매수 시그널

- +10% 상승 시: 시스템이 08:30에 각 분할 매수가 +10%에 일괄

매도 주문하여 기계적으로 매도 실행

  - 매도 자금: 다음 후속 종목 또는 후속 분할 매수에 즉시 재투입

➔ 투자자는 '언제 들어가야 할까?'를 고민하지 않는다.

➔ 오직 버튼만 누르면 된다.

➔ 타이밍은 더 이상 고민이 아니라 시스템의 일부가 된다.

✅ 구조화된 타이밍은 '불안한 진입'을 '확신 있는 진입'으로 바꾼다.

대부분의 투자자는 매수 직전에 망설인다.

"지금이 최선일까?"

"더 떨어지면 어쩌지?"

"지금 안 사면 놓칠까?"

➔ 이 망설임은 기준이 없기 때문이다.

기돈시는 그 기준을 시스템 안에 설계해 두었다.

"지금 진입하세요."

"지금은 2차 매수 타이밍입니다."

"이제 수익 실현 시점입니다."

➔ 투자자는 더 이상 흔들리지 않고

시스템이 주는 신호에 맞춰 실행만 하면 된다.

결론: 타이밍은 예측이 아니라 '설계'되어야 한다.

불안해하지 마라.

망설이지 마라.

판단하지 마라.

➔ 기돈시의 시스템은 타이밍을 구조화했다.

구조는 반복 가능하고,

반복은 안정된 수익을 낳고,

안정은 계좌를 성장시킨다.

기돈시의 100개 수익 톱니바퀴는

모두 정해진 타이밍 구조 위에서 회전한다.

➡ 그 회전은 감정이 아닌 시스템으로 작동하며,

당신의 매수는 더 이상 불안이 아닌, 확신이 될 것이다.

자금을 수익 흐름으로 순환시킨다

☑ 투자자들과의 상담에서 자주 듣는 말이 있다.

"이번에 수익 냈으니 잠깐 쉬어 가죠."

"자금을 회수했으니 다음 종목을 기다려야죠."

"지켜보다가 괜찮은 종목 나오면 들어갈게요."

➡ 많은 투자자가 수익을 실현한 후 자금을 멈춘다.

➡ 하지만 기돈시는 이렇게 말한다.

"자금은 멈추는 순간부터 손실이고,

흐르는 순간부터 수익이다."

돈은 일해야 불어난다.

➡ 자금이 쉬는 순간, 기회도 멈춘다.

☑ 왜 수익을 냈는데도 자산이 늘지 않을까?

많은 투자자가 수익을 반복해도

계좌는 제자리에서 맴도는 경우가 많다.

그 원인은 단순하다.

① 자금이 회전하지 않기 때문이다.

수익 후 자금을 놀린다.

➜ 다음 투자까지 자금이 공백 상태로 남는다.

➜ 수익 흐름이 끊긴다.

② 새로운 종목 선정이 늦어진다.

➜ 타이밍을 놓치고 기회를 연속적으로 잃는다.

③ 심리적 이완이 생긴다.

➜ '이번 달은 벌었으니 됐다.'라는 마음이 구조를 무너뜨린다.

➜ 결론은 하나: 수익은 냈지만, 자금은 놀고 있다.

➜ 계좌는 결국 성장하지 못한다.

✓ 기돈시는 '자금 순환'을 시스템에 탑재했다.

기돈시의 자금 운용 철학은 명확하다.

➜ "자금은 절대 쉬지 않는다."

✓ 기돈시 자금 순환 구조

1) 조건 충족된 종목 추천 → 1차 진입

2) -10% 하락 시마다 기계적 분할 매수

3) 각 분할 매수분이 +10% 상승 시 기계적 분할 매도

4) 분할 매도 시 자금 회수 및 수익 실현

5) 회수된 자금은 즉시 후속 종목 또는 다른 분할 매수로 재투자

➜ 이 순환이 100개의 수익 톱니바퀴에서 동시에 돌아간다.

➜ 자금은 '머무는 시간 없이' 계속 일한다.

✔ 자금 순환 시스템이 만드는 5가지 강력한 효과

① 수익 흐름이 끊기지 않는다.

- 하나의 종목 수익이 끝나면

➡ 즉시 다음 종목이 준비된다.

② 자금 공백이 없다.

- 매도는 끝이 아니라

➡ 다음 수익의 출발점이 된다.

③ 회전률 극대화 → 복리 가속

- 자금이 빠르게 재투자되며

➡ 자산 증식의 속도가 붙는다.

④ 계좌가 항상 살아 있다.

- 유휴자금 없이 유동성이 확보됨

➡ 시장 변화에 민첩하게 대응 가능

⑤ 감정 개입이 줄어든다.

- 다음 종목이 즉시 연결되니

➡ '잠시 쉬자.'라는 유혹을 원천 차단

✔ 진짜 수익은 '한 번의 이익'이 아니라

'이익이 끊임없이 이어지는 구조'다.

한 번 수익을 내는 건 누구나 할 수 있다.

➡ 하지만 그 수익을 다음 수익으로 연결하는

구조화된 루틴을 가진 사람만이 계좌를 성장시킨다.

기돈시는 이렇게 설계했다.

종목 전량 매도 시 → 후속 종목 즉시 추천

분할 매도 시 → 다른 분할 매수로 즉시 연결

➔ 투자자는 버튼만 누르면 된다.

➔ 자금은 쉴 없이 흐르고,

➔ 계좌는 끊임없이 움직인다.

✓ 돈이 쉬는 순간, 수익도 멈춘다.

시장에는 매일 기회가 온다.

➔ 하지만 계좌에 묶인 자금은 그 기회를 잡지 못한다.

'잠시 기다리자.'라는 생각은

➔ 결국, 복리 효과를 늦추는 선택이다.

기돈시는 강조한다.

"돈은 쉬지 않고 돌아야 한다.

그래야 수익도 반복된다."

결론: 중요한 것은 '수익'이 아니라 '수익이 순환되는 구조'다.

지금 당신의 자금은 일하고 있는가?

아니면 계좌에 멈춰 있는가?

수익을 냈다면 다음 행동은 정해져 있다.

➔ 즉시 다음 톱니바퀴에 진입하라.

기돈시는 투자자의 고민을 없애 준다.

　　－ 종목은 추천해 주고

　　－ 타이밍은 알려 주며

　　－ 자금은 자동으로 흐른다.

➔ 돈은 움직일 때 커지고,

수익은 흐름 속에서 반복된다.

'기돈시'의 100개 수익 톱니바퀴는

모두 이런 '끊임없는 자금 순환 구조' 위에서 돌아간다.

> ➜ 당신의 계좌는 이 구조 안에서
> 성장하고, 확장하고, 복리로 진화할 것이다.

종목이 도는 구조 = 수익이 도는 구조

ⓒ 많은 투자자와 대화를 나눠 보면 이런 말을 자주 듣는다.

"수익은 좀 나는데 계좌는 늘 제자리예요."

"종목을 잘 골랐다고 생각했는데 자산은 안 늘어요."

"맞췄다고 생각했는데 왜 돈은 그대로일까요?"

➜ 그 이유는 복잡하지 않다.

➜ 종목이 돌지 않고, 자금이 멈춰 있기 때문이다.

기돈시는 이렇게 말한다.

"수익이 반복되는 계좌는 종목이 끊임없이 순환하고 있다."

➜ 종목이 돌아가야 수익도 돌고,

➜ 수익이 돌아야 계좌도 성장한다.

ⓒ 멈춰 있는 종목 = 멈춰 있는 자금 = 멈춰 있는 계좌

A 종목: 하락 후 반등 기다리며 묶임

B 종목: 횡보 중이지만 매도 타이밍을 못 잡음

C 종목: 수익 중인데 더 오를까 망설이며 수익 미실현

D 종목: 손실이 커서 손도 못 대는 상태

➜ 전체 자산의 80~90%가 '기다림', '망설임', '방치'로 묶여 있다.

➔ 이런 계좌는 더 이상 투자 계좌가 아니라 정지된 자금 보관소다.

➔ 자금이 돌지 않으면, 수익도 자산도 돌지 않는다.

✓ 반대로 '종목이 돌아가는 구조'는 계좌를 계속 움직이게 만든다.

기돈시 시스템은 계좌 내 종목이 항상 순환 상태에 있도록 설계되어 있다.

    - 총 40개 종목이 분산되어 있고

    - 각 종목은 4회 분할 매수 구조로 100개의 수익 톱니바퀴를 형성

이 구조에서 종목과 톱니바퀴는 다음처럼 움직인다.

    - 일부는 신규 진입 중

    - 일부는 하락으로 분할 매수 대기 중

    - 일부는 손실 회복 중

    - 일부는 수익 구간 도달 후 분할 매도 대기 중

    - 일부는 매도 후 후속 종목 진입 대기 중

➔ 계좌 전체가 수익 흐름 안에서 끊임없이 순환한다.

➔ 어느 한 종목 또는 한 톱니바퀴가 멈추더라도 나머지가 회전하면서 수익 구조를 유지한다.

✓ '종목이 도는 구조' = '자동으로 수익을 반복 생성하는 구조'

기돈시가 설계한 '100개의 수익 톱니바퀴'란

➔ 각 종목이 4회의 분할 매수·매도를 통해

독립된 수익 흐름을 만드는 시스템이다.

    - 한 톱니바퀴에서 수익이 실현되면

➔ 해당 자금은 즉시 다음 후속 종목 또는 후속 분할 매수로 이동

    - 매수 → 분할 매수 → 분할 매도 → 자금 회수 → 다음 진입

➔ 이 순환이 반복되면서 계좌 전체가 '100개의 수익 톱니바퀴'로 기

계적 수익 시스템으로 작동한다.

☑ 수익은 '한 번의 사건'이 아니라, '계속 도는 흐름'이다.

"이번에 10% 수익 냈어요."

"이번 종목은 대박이었어요."

➜ 이런 단발성 수익은 흔하지만,

➜ 그 수익이 반복되는 구조로 이어지지 않으면

자산은 결코 자라지 않는다.

기돈시는 수익이 반복되기 위한 두 가지 조건을 충족시킨다.

1) 종목이 돌아간다.

2) 자금이 흐른다.

➜ 이 구조 안에서 수익은 한 번이 아닌

매번 시스템적으로 반복해서 발생할 수 있게 된다.

☑ 수익이 돌아가는 구조를 위한 기돈시의 3가지 핵심 설계

1 매매 사이클의 연결성

　- 진입 → 분할 매수 → 분할 매도 및 수익 실현 → 자금 회수 → 다음 진입

➜ 매매의 전 과정이 매끄럽게 루틴으로 이어진다.

2 종목 흐름의 분산

　- 특정 업종·테마 몰림 없이 다양한 섹터로 분산

➜ 하나의 흐름이 멈춰도 다른 흐름에서 수익 지속 가능

3 감정 없는 기계적 시스템

　- 진입, 분할 매수, 분할 매도 모두 시스템 신호에 따라 즉시 실행

➜ 인간의 감정 개입을 최소화해 반복성과 신뢰성 극대화

➜ 이 3가지가 결합되어 종목은 자연스럽게 회전하고,

계좌는 스스로 수익을 만들어 내는 시스템으로 완성된다.

결론: 멈춰 있는 종목은 기회가 아니라 손실이다.

고민 중인 종목, 매도 타이밍을 놓친 종목, 정체된 자금은

➜ 기회비용을 유출시키고 계좌를 정체시킨다.

기돈시는 '정체'가 아닌 '순환'을 설계했다.

➜ 100개의 수익 톱니바퀴는

매일매일 자금이 회전하고

수익이 반복되는 살아 있는 투자 구조다.

수익을 만들고 → 자금을 회수하고 → 다음으로 연결하는

이 자동화된 흐름이 반복될 때,

당신의 계좌는 더 이상 감정에 흔들리는 계좌가 아니라

➜ 끊임없이 성장하는 복리 구조의 시스템으로 진화할 것이다.

기다리며 수익이 돌아가는 법

✓ 많은 투자자가 이런 바람을 품는다.

"기다리는 동안에도 수익이 나면 얼마나 좋을까?"

"하락한 종목이 회복되기를 그냥 지켜보고 있어요."

"다음 기회를 기다리며 일단 관망 중입니다."

이런 말들은 모두 공통된 착각을 담고 있다.

➜ 기다림 = 정지 상태라는 인식이다.

기돈시는 이 고정관념을 뒤집는다.

➜ "기다림도 수익이 될 수 있다."

➜ 단, 그것이 '구조 안에서의 기다림'일 때만 가능하다.

✅ 단순한 기다림은 자산을 늘려 주지 않는다.

많은 투자자가 이런 착각을 한다.

"가만히 있으면 언젠가 오르겠지."

"시간이 해결해 줄 거야."

➜ 그러나 시장은 그렇게 작동하지 않는다.

  - 거래량이 끊긴 종목은 좀처럼 회복되지 않고

  - 흐름에서 밀린 종목은 장기 정체로 이어진다.

  - 반등이 와도 명확한 수익 실현 기준이 없으면 타이밍을 놓친다.

결국, 이런 기다림은

➜ 시간 낭비 + 기회비용 손실 + 계좌 정체를 만든다.

✅ 기돈시는 기다림조차도 '수익의 일부'로 만든다.

기돈시 시스템은

계좌 전체가 멈추지 않고 돌아가도록 정교하게 설계되어 있다.

예를 들어,

A 톱니바퀴: 하락으로 추가 분할 매수 대기 중

B 톱니바퀴: 손실 회복 진행 중

C 톱니바퀴: 횡보 중, 돌파를 기다리는 상태

D 톱니바퀴: 수익 구간 도달, 분할 매도 진행 중

E 톱니바퀴: 분할 매도 후 다음 진입 준비 중

➜ 100개의 수익 톱니바퀴가 서로 다른 상태로 끊임없이 작동하며

➜ 기다리는 중에도 계좌는 계속 수익을 생산한다.

✅ 기다리며 수익이 돌아가는 이유 – 3가지 핵심 구조

1 완전한 분산 구조

- 40개 종목, 100개의 분리 매수 톱니바퀴로 구성

➔ 일부가 대기 중일 때도, 다른 톱니바퀴는 수익을 실현 중

➔ 계좌 전체가 항상 일부는 '기다림', 일부는 '수익' 상태를 유지

2 비동기적 타이밍 설계

- 모든 톱니바퀴의 매수·매도 시점을 서로 다르게 분산

➔ 톱니바퀴별로 모두 다른 진행 상태로 전체가 조화를 이룸

➔ 계좌 내 수익 발생 구조는 항상 이어지도록 설계됨

3 자금의 실시간 회전

- 수익이 실현된 자금은 즉시 다음 진입으로 연결

➔ 자금은 멈추지 않고,

기다리는 동안에도 다른 곳에서 일하고 있다.

✅ 구조화된 기다림은 곧 '준비된 수익 시점'이다.

기돈시에서의 기다림은 단순한 정체가 아니다.

➔ 그것은 수익을 위한 다음 단계의 준비 상태다.

하락 중인 톱니바퀴 → 다음 분할 매수 진입 대기

횡보 중인 톱니바퀴 → 기술적 돌파 대기

회복 중인 톱니바퀴 → 곧 수익 실현 대기

매도 완료된 톱니바퀴 → 다음 진입 대기

➔ 모든 기다림은 이미 수익으로 연결될 경로가 설정된 상태다.

✅ 기다림이 감정의 혼란이 아닌 전략이 되려면,

구조가 있어야 한다.

대부분 투자자는 기다리는 동안 흔들린다.

"지금이 들어갈 타이밍인가?"

"이제 팔아야 하나?"

"기다려야 하나, 바꿔야 하나?"

기돈시는 말한다.

➡ 이 모든 판단을 시스템이 대신한다.

  - 언제 진입할지

  - 언제 추가 분할 매수할지

  - 언제 수익을 실현할지

➡ 투자자는 감정 대신 시스템 구조에 따라 버튼만 누르면 된다.

✅ 수익은 '빠르게 매매'할 때 나는 게 아니다.

진짜 수익은 구조화된 기다림 속에서 반복된다.

많은 이가 빠른 타이밍, 짧은 매매만을 쫓는다.

하지만 진정한 자산 증식은

➡ 기다리는 동안에도 수익이 반복되는 구조에서 나온다.

기돈시는 다음과 같은 시스템을 갖췄다.

  - 완전한 종목 분산

  - 철저한 분할 매수·매도 타이밍

  - 자금 회전의 자동화

  - 감정을 배제한 실시간 시그널 구조

➡ 이 모든 요소가 합쳐질 때

'기다리면서도 돈을 계속 버는 구조'가 실현된다.

5

구조화된 수익 실현의 미학

✓ 많은 투자자가 수익을 내고도 이런 고민을 털어놓는다.

"익절은 했는데 왜 이렇게 불안하죠?"

"계좌는 늘었는데 뭔가 찜찜해요."

"어디까지 들고 가야 진짜 수익일까요?"

➜ 이런 불안감의 원인은 하나다.

수익 실현이 구조화되지 않았기 때문이다.

기돈시는 분명하게 말한다.

"수익 실현은 예술이 아니라, 구조 속에서 완성되는 미학이다."

➜ 감정이나 예측이 아닌

➜ 시스템과 기준이 수익 실현의 중심이 되어야 한다.

✅ 구조화된 수익 실현이란 무엇인가?

진정한 수익 실현은 다음 3가지 조건을 반드시 충족해야 한다.

1 명확한 수익률 기준

  - 기돈시는 각 분할 매수 +10% 수익 도달 시 분할 매도를 원칙으로 한다.

  - 어떤 감정 변화나 시장 뉴스에도 흔들리지 않는

➜ 정량적이고 반복 가능한 기준

2 계획된 분할 매도 방식

  - 수익이 발생한 각 분할 매수 단위마다

➜ 순차적으로 수익 실현이 즉시 진행

  - 전량 매도가 아닌 분할 구조이기 때문에

➜ 수익을 나누고, 리스크도 분산된다.

3 자금의 즉시 순환 시스템

  - 수익 실현이 끝나는 즉시

➜ 자금은 후속 종목이나 다른 분할 매수로 즉시 재투입

➜ 자금은 멈추지 않고 수익 창출 흐름 안에서 계속 회전

➜ 이 세 가지가 결합될 때,

수익은 단발성이 아닌 루틴이 되고,

계좌는 구조 안에서 성장한다.

✅ 수익 실현 후 불안한 진짜 이유: '다음 계획'이 없기 때문이다.

  - 종목을 팔았는데 다음에 뭘 해야 할지 모른다.

  - 진입할 종목이 없고, 기준도 없고, 자금은 놀고 있다.

➜ 결국, 혼란스러운 매매와 심리적 흔들림으로 이어진다.

기돈시는 이렇게 정리한다.

"수익 실현이 진짜 수익이 되려면,

실현 이후의 계획까지 구조화돼 있어야 한다."

✅ 기돈시의 수익 실현 루틴은 이렇게 작동한다.

1 시스템이 08:30에 각 분할 매수가 +10%에 일괄 매도 주문

➜ 판단도, 고민도 필요 없다. 08:30에 시스템 버튼만 누르면 된다.

2 매도 직후 자금의 즉시 재진입

- 회수된 자금은 즉시 후속 종목이나 다른 분할 매수 건에 재투입

➜ 자금은 절대 계좌에서 놀지 않는다.

➜ 흐름은 끊기지 않고 이어진다.

➜ 이 모든 흐름은 구조화된 루틴으로

매일 반복될 수 있는 실전 시스템이다.

✅ 수익 실현은 결과가 아니라 '사전 설계'다.

잘 팔기 위해 고민하는 것이 아니라,

➜ 애초에 수익 실현 기준과 구조를 세팅해 두어야 한다.

1 감정적 판단

- "더 가져가 볼까?"

- "뉴스가 좋으니 더 기다려 보자."

➜ 운 좋게 성공할 수도 있지만, 반복 불가능

2 구조적 판단

- "+10% 수익 도달, 매도 실행."

- "다음 톱니바퀴 진입 자금 확보 완료."

➜ 판단 없이 시스템이 행동을 유도

➜ 반복 가능하고, 누적 가능한 수익 구조 완성

기돈시는 이렇게 말한다.

"수익을 예술처럼 감각적으로 다루지 마라.

시스템처럼 정확하게 다뤄라.

그 반복성이 바로 진짜 실력이다."

☑ 수익 실현은 '끝'이 아니라, 다음 수익의 '시작'이다.

매도는 수익의 종료점이 아니라

➜ 자금 순환의 전환점이다.

➜ 수익을 실현했다면

➜ 자금은 멈추지 않고

➜ 다음 종목으로 이어져야 한다.

기돈시는 이렇게 말한다.

"이번 수익이 중요한 게 아니다.

다음 수익을 어떻게 연결할 것인가가 중요하다."

결론: 수익 실현을 구조화하라. 그게 진짜 투자다.

수익을 냈는데도 여전히 불안하다면,

➜ 당신의 매도는 구조화되어 있지 않다는 신호다.

이제는 기돈시의 시스템을 받아들여야 할 때다.

   – 수익률 기준을 정하고

   – 분할로 나누고

   – 자동으로 순환되게 하라.

기돈시는 말한다.

"수익을 나누고, 기준을 세우고, 구조화하라.

그 구조가 당신의 계좌를 지키고,

수익을 반복 가능하게 만들어 줄 것이다."

➜ 당신의 투자에 '구조화된 수익 실현'이라는 미학을 더하라.

➜ 그 순간, 수익은 흔들리지 않고

계좌는 매일 성장하는 루틴이 된다.

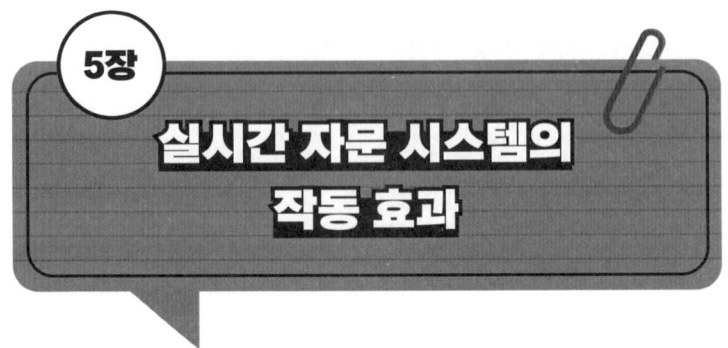

투자는 빠르게 판단하는 것이 아니라,

제때 정확히 실행하는 것이다.

기돈시의 실시간 자문 시스템은

추천, 분할 매수·매도, 자금 회전을 자동화하여

➜ 투자자가 고민 없이 버튼만 누르면 수익이 돌아가도록 설계되어
있다.

"타이밍을 놓쳤다."라는 말은 더 이상 핑계가 될 수 없다.

실시간이야말로 최고의 무기다.

망설이지 않고, 감정 없이 기계처럼 루틴을 실행하는 투자자만이

➜ 실수를 줄이고 수익을 반복하며 계좌를 복리로 성장시킬 수 있다.

버튼만 누르면 수익이 돌아가는 구조

✅ 많은 투자자가 이런 고민을 털어놓는다.

"계좌가 멈춰 있는 느낌이에요."

"매매는 하는데 전체 흐름이 막혀 있어요."

"몇 종목 수익이 나도 계좌 전체는 정체돼 있어요."

➜ 이런 문제는 단순히 실력이나 분석의 부족 때문이 아니다.

➜ 포트폴리오 전체가 '회전 구조'를 갖추지 못했기 때문이다.

기돈시는 말한다.

"계좌는 종목의 집합이 아니라,

하나의 기계처럼 돌아가는 유기적 구조여야 한다."

✅ 포트폴리오는 '종목 나열'이 아니라 '돌아가는 시스템'이어야 한다.

많은 투자자가 '좋은 종목'을 골라 담는 것만으로

포트폴리오가 완성된다고 믿는다.

하지만 그것은 종목 목록일 뿐, 시스템은 아니다.

A 종목: 진입 후 아무런 관리 없음

B 종목: 수익 실현했지만, 자금 방치

C 종목: 손실 중, 대응 보류

D 종목: 진입을 고민만 하며 기회 상실

➜ 이 상태는 단지 '정지된 리스트'에 불과하다.

➜ 자금은 멈추고, 계좌는 정체된다.

진짜 포트폴리오란,

종목 간 역할이 분담되고

자금이 끊임없이 회전하며

수익 실현과 재투자가 루틴처럼 이어지는

'회전형 계좌 구조'여야 한다.

✓ 기돈시가 설계한 '톱니바퀴형 포트폴리오'의 핵심 구조

기돈시는 계좌 전체를 유기적으로 돌게 하기 위해

다음 다섯 가지 원칙을 기반으로 시스템을 설계했다.

① **총 40개 종목, 100개의 수익 톱니바퀴**

　- 다양한 섹터, 다양한 흐름의 종목을

➔ 분산 배치해 계좌 전체가 함께 움직이도록 구성

② **실시간 종목 상태 구분**

　- 진입 중인지, 회복 중인지, 수익 실현 대기 중인지

➔ 종목 상태가 시각화되고 실시간으로 파악 가능

③ **자금의 자동 회전**

　- 매도된 자금은 즉시 후속 종목이나 다음 분할 매수 단계로 이동

➔ 현금이 멈추지 않고 일하게 설계

④ **시장의 흐름에 연동하여 추천**

　- 단순한 기계 추천이 아니라

➔ 변동성·수급 기반의 실시간 대응형 추천 구조

⑤ **버튼만 누르면 수익이 돌아가는 시스템**

　- 진입부터 분할 매수, 익절, 자금 순환까지

➔ 모든 실행은 투자자의 터치 한 번으로 가능

✓ 기돈시는 실행의 부담을 제거하고, 구조에 집중하게 만든다.

대부분의 투자자는 실행이 아니라 판단의 피로로 무너진다.

　- 언제 들어가야 하지?

- 지금 팔아야 하나?

- 손실을 회복해야 할까, 교체해야 할까?

➜ 기돈시는 이 부담을 없앴다.

총 40개 종목 미달 시 즉시 신규 후속 종목 추천

-10% 하락 시 실시간 분할 매수 알림

+10% 상승 시 실시간 분할 매도 수익 실현

➜ 투자자는 단지 분할 매수 알림을 보고 버튼만 누르면 된다.

➜ 판단은 시스템이, 실행은 사용자가 맡는 분업형 루틴이다.

✅ 왜 포트폴리오는 '톱니바퀴처럼' 돌아가야 하는가?

기돈시는 수익이 '감각'이 아니라 '구조'에서 나온다고 정의한다.

1 리스크 분산

- 하나의 톱니바퀴가 멈춰도

➜ 나머지 톱니바퀴들이 계좌를 굴린다.

2 기회의 연속성

- 회수된 자금은 다음 진입으로 즉시 이동

➜ 새로운 기회를 지속적으로 생성

3 복리화된 수익 구조

- 자금이 멈추지 않으니

➜ 시간이 지날수록 복리 곡선이 가속된다.

4 감정 개입 차단

- 구조가 정해져 있으면 공포도 탐욕도 끼어들 틈이 없다.

➜ 이 모든 이점은 '회전하는 구조' 안에서만 작동한다.

✅ 포트폴리오는 하나의 '생명체'처럼 움직여야 한다.

기돈시는 개별 종목의 수익률보다

➜ 그 종목이 구조 내에서 어떤 역할을 수행하고 있는가를 더 중요하게 본다.

    - 지금 이 종목은 진입 중인가?

    - 분할 매수 중인가?

    - 손실 회복 중인가?

    - 수익 실현 대기 중인가?

    - 다음 자금 재투입의 후보인가?

➜ 이 흐름이 명확히 구분되어야 계좌는 살아 있는 시스템이 된다.

➜ 그렇지 않으면 그저 종목 나열에 불과하다.

기돈시는 말한다.

"포트폴리오는 하나의 유기체처럼 회전해야 한다.

자금은 돌고, 수익은 이어져야 한다."

결론: 수익은 종목이 아니라, 구조에서 반복된다.

많은 투자자가 이렇게 말한다.

"좋은 종목만 알면 수익을 낼 수 있지 않을까?"

➜ 하지만 현실은 다르다.

➜ 수익은 돌아가는 계좌 구조에서 반복된다.

기돈시는 강조한다.

"계좌는 종목의 조합이 아니라

수익을 만들어 내는 정교한 기계다."

    - 종목은 수익 톱니바퀴가 되고

    - 자금은 윤활유가 되며

    - 투자자의 터치는 기계의 스타트 버튼이 된다.

➜ 이 구조가 작동하는 순간

➜ 수익은 멈추지 않고, 반복되며, 누적되고

➜ 계좌는 복리 수익 구조로 진화한다.

단발성 수익으로 멈추지 마라.

수익이 돌아가는 구조를 만든 계좌만이

진짜 자산 증식의 길을 걷는다.

➜ 버튼을 눌러라.

그러면 수익이 돌아간다.

기돈시 포트폴리오는,

당신의 계좌를 움직이는 진짜 엔진이다.

실시간이라는 무기

✓ 주식시장에서 가장 강력한 무기는 무엇인가?

정보력? 분석력? 예측력?

아니다. 진짜 무기는 '속도'다.

그리고 그 속도를 가능하게 만드는 것이 바로 '실시간성'이다.

기돈시는 분명히 말한다.

"정보는 넘쳐 난다.

문제는 타이밍이다.

한발 빠른 실행이 수익을 만든다."

아무리 좋은 정보도

타이밍을 놓치면 무용지물이다.

그래서 기돈시는 투자 타이밍을 실시간으로 구조화했다.

⏱ 시장은 '실시간 전쟁터'다.

기회는 예고 없이 오고,

준비되지 않은 투자자는 항상 늦는다.

뉴스가 뜨기도 전에 거래량은 먼저 움직이고,

정보가 퍼지기도 전에 주가는 방향을 바꾼다.

➜ 10초의 차이가 수익과 손실을 갈라놓는다.

➜ 이 치열한 전장 속에서

기돈시는 투자자가 앞서 나갈 수 있도록

모든 자문 시스템을 실시간화했다.

⏱ 기돈시 실시간 자문 시스템의 작동 구조

기돈시의 실시간 시스템은 다음 네 가지 흐름으로 설계되어 있다.

① 실시간 종목 엄선 및 추천

- 총 40개 분산 종목 내에서 조건 충족 종목을 실시간 선별

- 시장 흐름과 수급, 변동성 기반 조건을 통과한 종목만 선정

② 실시간 진입·분할 매수 알림

- 투자자가 종목 추천 버튼을 누르면 즉시 1차 진입 조건 충족 종목을 실시간으로 받아 선별하여 실시간으로 매수

- 이후 -10% 하락할 때마다

➜ 2차, 3차, 4차 분할 매수 시점 실시간 알림 제공

➜ '언제 들어갈까?' 고민은 사라진다.

➜ 시스템이 바로 진입 타이밍을 알려 준다.

③ 실시간 증권사 매도 실현 알림 수신

➜ 시스템이 08:30에 각 분할 매수가 +10%에 일괄 매도 주문을 하기

에 각 분할 매수 가격 대비 +10% 수익률 도달 시

➡ 투자자는 타이밍을 놓치지 않고 수익을 즉시 실현

④ 실시간 자금 회전 연결

   - 분할 매도 시

➡ 회수된 자금은 후속 종목 또는 후속 분할 매수로 즉시 연결

➡ 자금은 단 1초도 멈추지 않고 다음 수익 구조로 순환

✔ 실시간 자문 시스템이 제공하는 5가지 실전 효과

① 최적 진입 타이밍 확보

   - 실시간 조건 분석을 통해

➡ 가장 유리한 시점에서 자동 진입 가능

② 정확한 분할 매수 실행

   - -10% 단위 분할 매수 시점이 실시간 제시되어

➡ 감정 없이 정확한 매수 타이밍 확보

③ 익절 타이밍을 놓치지 않음

   - 시스템이 08:30에 각 분할 매수가 +10%에 일괄 매도 주문

➡ 시장의 반전 전에 수익 실현 가능

④ 자금 회전율 극대화

   - 수익 실현 후 자금이 즉시 후속 종목 또는 후속 분할 매수로 이동

➡ 회전 반복을 통해 수익 복리 구조 실현

⑤ 감정 개입 완전 차단

   - 모든 시그널은 사전에 정한 기준 기반 실시간 발송

➡ 투자자는 구조만 따르면 된다.

➡ 감정 없는 매매가 실현된다.

ⓒ 중요한 건 '빠름'이 아니라 '정확한 타이밍'이다.

기돈시의 실시간 자문은

단순히 빨리 사라는 것이 아니다.

"언제 정확히 진입해야 하는가?"

"언제 정확히 매도해야 하는가?"

"언제 자금을 다음으로 돌려야 하는가?"

➔ 이 질문에 정확한 해답을 실시간으로 제공하는 것이 핵심이다.

➔ 투자자는 더 이상 추측하거나 망설이지 않아도 된다.

➔ 시스템이 정해진 타이밍을 정확하게 안내한다.

ⓒ 실시간 시스템은 투자 패턴을 완전히 바꾼다.

대부분의 투자자는 다음과 같은 패턴을 반복한다.

"뉴스 좀 더 보고 들어가야지."

"지금 들어가기엔 모호하니 더 기다려 보자."

"이번엔 좀 더 먹고 나오자."

➔ 결국, 타이밍을 놓치고 수익을 잃는다.

기돈시 실시간 시스템은 이런 망설임을 제거한다.

　　- 조건 충족 시 즉시 진입

　　- 하락 시 즉시 분할 매수

　　- 수익 도달 시 즉시 분할 매도

　　- 익절 후 즉시 자금 재투입

➔ 투자자는 더 이상 '언제'를 고민하지 않는다.

➔ '지금'이라는 타이밍에 즉시 반응할 수 있다.

결론: 수익을 지키는 가장 강력한 무기, 실시간

주식시장은 타이밍 싸움이다.

정보는 누구나 얻을 수 있다.

하지만 타이밍을 잡는 사람만이 수익을 얻는다.

기돈시는 실시간이라는 무기를 제공한다.

➜ 투자자는 더 이상 느리게 대응하지 않는다.

➜ 시스템이 타이밍을 잡고,

➜ 사용자는 버튼만 누른다.

당신의 계좌는 이제 항상 시장보다 반발 앞서 움직일 것이다.

실시간이라는 무기를 장착한 당신의 투자는

매 순간이 기회가 되고,

모든 기회가 수익으로 바뀌는 구조로 진화할 것이다.

3 실시간 자문을 놓치면 수익이 줄어든다

ⓒ 투자자들이 자주 하는 착각이 있다.

"실시간으로 꼭 따라갈 필요 있나요?"

"하루 이틀 정도 놓쳐도 괜찮겠죠."

"나는 단기보단 느긋한 투자자니까 천천히 대응할게요."

이런 말은 실시간 자문 시스템의 본질을 오해한 결과다.

자문을 단순히 참고용으로 생각하고

'행동의 타이밍은 내가 정한다.'라는 판단은

➡ 결국, 수익률을 깎아 먹고

➡ 계좌 성장의 복리 구조를 약화시킨다.

기돈시는 단호하게 말한다.

"실시간 자문은 선택이 아니라

반복 수익을 위한 실행 기준이다."

놓치는 순간, 그 기회는 당신의 계좌가 아니라

➡ 남의 계좌에 적립된다.

✅ 한국 시장은 '실시간 대응형 시장'이다.

한국 증시는 결코 느긋하지 않다.

➡ 흐름은 하루 단위가 아닌 분 단위로 바뀐다.

➡ 정책, 뉴스, 수급 변화가 즉시 주가에 반영된다.

왜 실시간 자문이 필수인가?

① 수급이 민감하게 반응한다.

　- 외국인·기관은 수백억 단위의 자금으로

➡ 10분 만에 시장 방향을 뒤바꾼다.

② 뉴스가 곧바로 주가를 흔든다.

　- 정치 발언, 금리 이슈, 글로벌 변수

➡ 특히 테마주·바이오주는 뉴스 한 줄에 20~30%가 급등락한다.

③ 상승 구간은 매우 짧다.

　- 강한 흐름은 오래 지속되지 않는다.

➡ 몇 시간 안에 급등 후 급락하는 구조

➡ 즉시 대응하지 않으면 수익은 사라지고, 손실이 온다.

ⓒ 실시간 자문을 놓쳤을 때 벌어지는 4가지 손실 구조

① 진입 타이밍 손실

- 자문 시스템은 '지금이 최적 진입가'라고 판단한 순간

➔ 신호를 보낸다.

- 이 타이밍을 놓치면

➔ 이미 가격은 올라 있고, 리스크는 커져 있다.

② 분할 매수 기회 상실

- 하락 시 -10% 단위 분할 매수는

➔ 평균 단가를 낮추는 핵심 전략

- 타이밍을 놓치면

➔ 수익 전환 속도가 느려지고, 회복 탄력도 떨어진다.

③ 매도 타이밍 실기

- 수익 구간에서의 매도는

➔ 시장 흐름과 시세 탄력에 따라 즉시 판단돼야 한다.

- 실시간 신호를 놓치면

➔ 고점 매도 기회를 놓치고, 손실로 전환될 수 있다.

④ 자금 회전 정체

- 수익 실현 후 자금을 다음 종목에 재투입하지 못하면

➔ 자금은 계좌에 묶이고

전체 회전율이 떨어지며, 복리 효과는 급감한다.

➔ 이 손실들은 작아 보이지만

반복되면 복리 수익 구조 전체를 무력화시킨다.

ⓒ 실시간 자문을 놓치지 않는 행동 루틴

실시간 자문은 정보가 아니라

➜ 행동 루틴의 구조화다.

➜ 정보를 제때 실행해야 효과가 있다.

① 알림 시스템 상시 연결

    - 스핀스탁은 PC 없이 핸드폰만으로도 거래 가능

➜ 핸드폰 실시간 알림을 즉시 수신할 수 있도록 설정

② 신호 오면 즉시 실행

    - 고민하지 마라.

➜ 시스템이 분석하고 타이밍을 정했다면

➜ 당신은 '버튼만' 누르면 된다.

③ 추격 매수 금지

    - 실시간 자문을 놓쳤다고

➜ 무리하게 뒤쫓는 매수는 손실 확률만 높인다.

    - 실수는 인정하고, 다음 신호를 기다리는 게 정답이다.

④ 진입 이후도 실시간 모니터링

    - 진입이 끝이 아니다.

➜ 추가 분할 매수, 매도 신호는 이어서 온다.

➜ 시스템과 항상 연결된 상태를 유지하라.

⑤ 시스템을 믿고 루틴을 반복하라.

    - 감정은 오락가락하지만

➜ 시스템은 흔들리지 않는다.

➜ 반복 가능한 구조 안에서만 수익은 누적된다.

결론: 실시간 자문은 생존을 위한 실행 도구다.

한국 시장에서 '느긋함'은 곧 '리스크'이다.

기회는 짧고, 대부분의 수익은 몇 분 내에 사라진다.

기돈시는 말한다.

"수익은 정보가 아니라

실행 타이밍에서 나온다."

➜ 실시간 자문은 단순한 정보가 아니다.

➜ 그것은 실행력을 구조화하는 도구다.

이제 당신은 두 가지 중 하나를 선택해야 한다.

1) 타이밍을 추측하며 혼자 고민하는 투자자

2) 타이밍은 시스템이 알려 주고

➜ 당신은 버튼만 누르는 투자자

시장도 이미 답을 알고 있다.

➜ 수익을 반복하는 쪽은 늘 후자다.

망설이지 마라.

➜ 실시간 자문 신호에 즉시 반응하는 루틴이

➜ 당신의 계좌를 복리로 성장시키는 현명한 자동 수익 시스템이 될 것이다.

머뭇거리지 말고 버튼을 눌러라

⊘ 많은 투자자가 전략을 세우고 종목을 선정했음에도,

정작 마지막 순간 '버튼을 누르지 못하고' 멈춰 선다.

➜ 분석도 충분했고, 조건도 완벽히 충족됐지만

➔ 그 단 한 번의 실행을 망설이며 기회를 놓친다.

왜일까?

➔ 이유는 단 하나, '망설임'이라는 심리적 함정 때문이다.

'지금 눌러도 괜찮을까?'

'틀린 선택이면 어떡하지?'

'조금만 더 기다리면 더 좋은 타이밍이 올지도….'

➔ 이 짧은 망설임이 수익의 문을 영영 닫아 버린다.

기돈시는 단호히 말한다.

"판단을 마쳤다면, 그다음은 행동이다.

망설이지 말고, 지금 바로 버튼을 눌러라."

➔ 단 한 번의 터치가 수익 구조를 작동시킨다.

✓ 전략이 아무리 완벽해도, 실행이 없으면 무용지물이다.

자료를 분석하고, 논리를 세우고, 조건을 충족시켜도

➔ 실행하지 않으면 그것은 '머릿속의 계획'일 뿐이다.

➔ 시장은 생각한 자가 아니라

실행한 자에게 수익을 안겨 준다.

실전에서 가장 흔한 후회는 이것이다.

'그때 그냥 눌렀어야 했다….'

➔ 기회는 망설이는 사이

조용히 다른 사람의 계좌로 넘어간다.

➔ 정보, 분석, 전략 등등은

결국 '실행'이라는 관문을 통과하지 않으면

아무것도 아닌 것이 된다.

✅ 머뭇거림의 본질은 '책임 회피'다.

많은 투자자가 실행을 망설이는 이유는

정보 부족이 아니라 과잉 정보와 심리적 압박이다.

　　- 너무 많은 가능성을 고려하다 보니

　　- 결국, 실패의 책임이 두려워

➜ 결정 자체를 유예하려는 방어 심리가 작동하는 것이다.

'내가 눌렀는데 틀리면 어떡하지?'

'손실 나면 내 판단이 틀린 게 되잖아….'

➜ 그러나 기억하라.

실행해서 손해 본 경험은 실력이 된다.

반대로 실행하지 않은 후회는 계좌에 아무것도 남기지 않는다.

투자의 본질은 '정확한 예측'이 아니라

➜ '실행하는 용기'다.

✅ "타이밍이 틀릴까 봐 걱정됩니다."

➜ 완벽한 타이밍은 없다.

➜ 하지만 기돈시는 타이밍이 틀려도 복구 가능한 구조를 만들었다.

　　- 진입 후 하락하면 -10% 단위로 기계적 분할 매수

　　- 반등 시 +10% 단위로 기계적 분할 매도

➜ 시스템이 알아서 회복 루틴을 작동시킨다.

➜ 당신의 터치가 다소 빠르더라도

➜ 시스템은 구조적으로 복구 가능성을 설계해 놓았다.

그러니 이제 중요한 것은 타이밍의 정확성이 아니라,

➜ 실행할 수 있는 용기다.

☑ 시장은 기다려 주지 않는다.

시장의 흐름은 당신이 결심할 때까지 멈춰 있지 않는다.

➜ 종목은 타이밍을 기다려 주지 않고

기회는 망설임을 가차 없이 스쳐 지나간다.

아무리 분석이 완벽해도

➜ 버튼을 누르지 않으면 모든 전략은 무의미해진다.

➜ 시장은 판단한 사람을 보상하지 않는다.

➜ 행동한 사람만 기억하고 보상한다.

"누를까, 말까?"가 아니라

➜ 이제는 "지금 바로 눌러야 한다."가 되어야 한다.

☑ 기돈시의 버튼은 수익 구조를 작동시키는 '시동 스위치'다.

기돈시 시스템에서 버튼은 단순한 터치가 아니다.

➜ 그것은 수익 구조 전체를 작동시키는 트리거다.

진입 주문 실행

하락 시 기계적 분할 매수

반등 시 기계적 분할 매도

수익 실현 후 자금 회전

다음 종목으로 즉시 연결

➜ 이 모든 흐름은 당신의 한 번의 터치로 시작된다.

➜ 버튼을 누르는 순간, 100개의 수익 톱니바퀴가 움직이기 시작한다.

결론: 판단을 마쳤다면, 더 이상 머뭇거리지 마라.

당신은 이미 충분히 분석했고,

조건은 충족되었으며,

기돈시의 실시간 시그널도 받았다.

➜ 이제 필요한 것은 단 하나, 행동이다.

망설이지 마라.

주저하지 마라.

버튼을 눌러라.

➜ 그 터치 한 번이

➜ 수익을 실현하고,

➜ 계좌를 움직이고,

➜ 당신을 '실행하는 투자자'로 바꿀 것이다.

기돈시는 다시 한번 강조한다.

"판단을 끝냈다면,

즉시 행동하라.

그 실행이

당신의 계좌를 복리로 성장시키는 유일한 길이다."

➜ 지금, 버튼을 눌러라.

그러면 수익이 돌아가기 시작한다.

5 기계처럼 행동하는 투자자 되기

⊘ 시장은 매일 투자자의 감정을 흔든다.

"느낌이 좋아서 들어갔어요."

"뉴스를 보고 급하게 진입했어요."

"차트가 예뻐 보여서 샀어요."

➜ 이런 말은 시장에서 흔히 들리는 이야기지만,

➜ 이런 매매는 반복될 수 없다.

왜냐하면, 감정은 매 순간 달라지고,

'느낌'과 '직관'은 절대 실력이 될 수 없기 때문이다.

기돈시는 분명하게 말한다.

"지속 가능한 수익을 내려면

투자자는 반드시 기계처럼 행동해야 한다."

➜ 감정이 아니라 시스템

➜ 예측이 아니라 루틴

➜ 느낌이 아니라 실행

이것이 수익을 반복하는 사람들의 공통된 특징이다.

☑ 감정이 개입된 매매는 반드시 흔들린다.

사람은 본능적으로 감정에 약하다.

특히 돈이 걸린 시장에서는

➜ 감정이 전략을 무너뜨리는 가장 큰 요인이 된다.

1) 공포: 하락이 시작되면 조급하게 손절

2) 욕심: 수익 중인데 더 기다리다 타이밍을 놓침

3) 조급함: 남들 수익 소식에 추격 매수

4) 후회: 놓친 종목에 다시 진입했다가 손해

➜ 이 모든 감정은 결국

➜ 전략의 왜곡 → 계좌 흐름의 정체 → 수익률 붕괴로 이어진다.

☑ 감정을 이기는 유일한 방법은 '루틴화'다.

감정을 이기려고 애쓰지 마라.

➜ 애초에 감정이 개입되지 않도록 구조화하라.

기돈시는 투자자의 모든 행동을

➜ 시스템 기반의 기계화된 루틴으로 설계했다.

투자자는 판단하지 않는다.

➜ 신호에 반응하고, 정해진 구조대로 행동만 한다.

☑ "기계처럼 행동한다."라는 것은 무엇을 의미하는가?

'기계적 투자자'란 감정이 없는 사람이 아니라,

➜ 감정이 개입될 여지를 원천 차단하는 사람이다.

즉, 매수 타이밍은 시스템이 알려 준다.

분할 매수 기준도 정해져 있다.

분할 매수 타이밍도 실시간으로 제공된다.

각 분할 매수분은 아침 8:30분에 +10%에 일괄 매도 주문된다.

매도 후 자금도 다음 종목으로 즉시 연결된다.

➜ 투자자는 판단하지 않고,

➜ 버튼만 누른다.

➜ 이 모든 과정은

예측이 아니라 '반복 가능한 구조'에 의해 작동된다.

☑ 기계적으로 행동하는 5단계 루틴

기돈시 시스템이 제안하는 기계적 투자자의 루틴은 다음과 같다.

① 신호에 따라 종목 추천 수신

  - 종목 수가 40개 미만일 때

➜ 시스템이 40개 종목이 채워질 때까지 보충 종목을 추천

② 추천 종목 검토 후 즉시 진입

  - 고민 없이 1차 매수 실행

➜ 타이밍을 예측하지 않고 구조에 맡김

③ **하락 시 자동 분할 매수**

 - -10% 하락 시마다 2~4차 분할 매수

➜ 공포가 아니라 구조가 대응함

➜ 평균 단가를 낮춰 회복 가능성 확보

④ **+10% 도달 시 분할 매도**

 - 각 분할 매수가 +10% 수익 도달 시 즉시 이익 실현

➜ 시스템이 08:30에 각 분할 매수가 +10%에 일괄 매도 주문

➜ 08:30에 시스템 버튼만 누르면 매도 준비 끝

⑤ **자금 즉시 순환**

 - 수익 실현 후 자금은

➜ 다음 후속 종목 또는 다음 분할 매수로 자동 이동

➜ 계좌는 멈추지 않고 회전

➜ 이 5단계를 반복하는 것이

➜ 기계처럼 행동하는 투자자의 핵심이다.

✅ 기계적 행동의 끝은 '복리 효과'다.

감정에 의한 수익은 단발성이다.

➜ 오늘 맞췄다고 내일 또 맞추리란 보장은 없다.

하지만 기계적 구조에 의한 매매는

➜ 반복 가능한 수익 루틴을 만든다.

➜ 한 번의 수익은 행운,

➜ 반복되는 수익은 구조,

➜ 그리고 반복된 구조는 복리로 이어진다.

기돈시는 그 복리 구조를

➜ 실행의 기계화, 판단의 제거, 시그널의 루틴화로 설계했다.

당신이 해야 할 일은 단 하나다.

➜ 시스템이 만든 루틴에 정확히 반응하는 것.

> ### 결론: 시장에서 살아남고 성장하고 싶다면
> ### '기계처럼 행동하는 투자자'가 되어야 한다.
>
> 느낌에 기대지 마라.
>
> 판단을 멈추고 시스템을 신뢰하라.
>
> ➜ 감정을 내려놓고, 구조를 실행하라.
>
> 감정은 계좌를 흔들지만,
>
> 구조는 계좌를 성장시킨다.
>
> 기돈시는 당신을
>
> 기계처럼 행동하는 투자자로 바꿔 줄 것이다.
>
> ➜ 그 반복이, 그 루틴이,
>
> 당신의 계좌를 복리로 키워 줄 것이다.

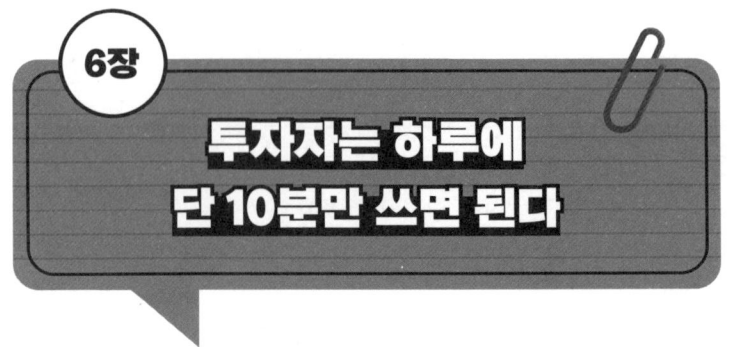

6장

투자자는 하루에 단 10분만 쓰면 된다

성공적인 투자는 많은 시간을 쓰는 것이 아니라,

올바른 구조를 매일 반복하는 것이다.

기돈시의 10분(익숙해지면 단 30초) 루틴은 진입부터 매도,

자금 회전까지 루틴화되어 있어

➔ 투자자는 분석이 아닌 실행에만 집중하면 된다.

종목을 오래 붙들며 고민하는 사이,

수익은 줄고 기회는 지나간다.

가장 강력한 전략은 복잡함이 아닌 단순하고 반복 가능한 구조다.

➔ 매일 10분(익숙해지면 단 30초),

시스템을 믿고 반복하는 사람이 결국 복리로 계좌를 키운다.

시간보다 구조가 중요하다

⟳ 많은 투자자가 이렇게 묻는다.

"전업 투자자처럼 하루 종일 차트를 봐야 하나요?"

"직장 다니면서 투자해도 괜찮을까요?"

"시간이 부족해서 투자가 어렵습니다."

이런 질문이 나올 때마다

기돈시는 단호하고 명확하게 답한다.

"투자에서 정말 중요한 건 시간이 아니라 구조다.

하루 10분만 있어도, 구조 안에 있다면 충분하다."

➔ 수익은 시간을 오래 들였다고 생기는 게 아니다.

➔ 제한된 시간 안에서 명확한 구조에 따라 실행했을 때

➔ 비로소 계좌는 복리로 성장할 준비를 마치게 된다.

⟳ 시간이 많이 드는 이유는 '구조가 없기' 때문이다.

대부분의 투자자가 시간을 허비하는 이유는

➔ 전략이 명확하지 않고, 루틴이 설정돼 있지 않기 때문이다.

   - 종목을 고르느라 하루 2~3시간

   - 차트를 분석하며 추가로 1시간 이상

   - 뉴스를 놓치지 않으려고 30분씩 집중

   - 진입 타이밍을 놓치고 재분석 반복

➔ 이렇게 하루 4~5시간이 흘러가지만

수익은 없고, 의사 결정 피로와 감정 소모만 누적된다.

기돈시는 말한다.

"구조가 없으면 분석은 늘고 실행은 줄며,

결국, 성과는 제자리걸음이 된다."

✅ 구조가 있으면 투자 효율은 극대화된다.

기돈시 시스템은

수많은 선택지를 줄여 주고,

투자자에게 고민이 아닌 행동을 제공한다.

- 종목은 시스템이 매일 실시간으로 추천

- 매수·매도 기준은 수치화된 정해진 조건

- 분할 매수 시점은 실시간 시그널로 즉시 전달

- 분할 매도는 시스템이 08:30에 각 분할 매수가 +10%에 일괄 매
  도 주문

➔ 투자자는 판단하는 사람이 아니라,

실행하는 사람이 되면 된다.

➔ 분석, 망설임, 감정 개입 모두 제거된다.

➔ 하루 10분으로도 계좌는 꾸준히 돌아간다.

결국, 투자 효율의 핵심은

얼마나 고민했느냐가 아니라

얼마나 구조 속에서 반복했느냐에 달려 있다.

✅ 기돈시 시스템이 시간을 줄이는 이유: 자동화된 5단계 구조

기돈시는 다음과 같은 자동화 기능으로

하루 10분 안에 전 과정이 매끄럽게 흘러가도록 설계했다.

① 총 40개까지 보충 종목 실시간 추천

➔ 복잡한 종목 분석 생략

② 하락 시 -10% 단위 분할 매수 실시간 알림

➜ 공포를 제거하고 정확히 대응

③ 매도는 시스템이 08:30에 각 분할 매수가 +10%에 일괄 매도 주문하여

각 분할 매수가 +10% 도달 시 즉시 이익 실현

➜ 욕심과 망설임 없이 수익 실현

④ 회수된 자금은 후속 종목 또는 후속 분할 매수로 즉시 재진입 연결

➜ 자금이 쉬지 않고 복리 구조로 순환

⑤ 전체 포트폴리오 상태 실시간 시각화 제공

➜ 감시가 아닌 점검만으로 관리 가능

➜ 이 모든 구조는

사람이 아니라 시스템이 돌리고,

투자자는 10분만으로 루틴을 반복할 수 있도록 설계되어 있다.

ⓥ 진정한 투자의 핵심은 '지속 가능성'이다.

하루 종일 컴퓨터 앞에 앉아 있는 투자 방식은

➜ 단기적 몰입처럼 보일 수 있지만,

➜ 장기적으로는 투자자의 체력, 집중력, 심리 에너지를 갉아먹는다.

➜ 그 결과: 루틴이 깨지고, 계좌는 무너지며, 결국 포기하게 된다.

반면, 기돈시 시스템의 10분 루틴은

➜ 짧지만 강력하다.

➜ 부담 없이 매일 실천할 수 있고,

➜ 반복을 통해 계좌를 점점 안정시키고 성장시킨다.

기돈시는 '짧지만, 반복 가능한 투자 시스템'을 구축하여

시간 효율성과 전략 지속성을 동시에 구현했다.

✅ 시간은 줄이고, 구조는 반복하라.

기돈시는 강조한다.

"투자의 성패는 시간이 아니라 구조다.

오래 앉아 있는 사람이 아니라,

짧은 시간이라도 구조 속에서 움직이는 사람이 이긴다."

➜ 하루 10분이면 충분하다.

➜ 문제는 시간이 아니라

그 시간을 어떤 구조 안에서 반복하느냐에 있다.

➜ 명확한 구조 안에서 매일 실행하는 루틴만이

계좌를 매일 조금씩 성장시킨다.

결국, 복리를 만드는 건

길게 보는 안목이 아니라

짧고 단순한 구조의 반복이다.

결론: 시간에 의존하지 말고, 구조에 투자하라.

기돈시는 마지막으로 말한다.

"수익은 시간을 오래 쓰는 데서 나오는 것이 아니라,

10분(익숙해지면 단 30초)짜리 루틴을 매일 반복하는 데서 나온다."

➜ 매일 10분(익숙해지면 단 30초), 구조 위에 올린 루틴을 반복하라.

➜ 그것이 당신의 계좌를 복리로 성장시키는

가장 현실적이고 강력한 방법이다.

10분 루틴이 계좌를 바꾼다

☑ "시간이 없어서 투자를 못 하겠어요."

"종목 고르다 하루가 다 가요."

"계좌는 자꾸 흔들리는데 뭘 어떻게 해야 할지 모르겠어요."

이런 고민의 본질은 '시간 부족'이 아니다.

진짜 문제는 반복 가능한 '루틴'이 없기 때문이다.

기돈시는 분명하게 말한다.

"계좌를 바꾸고 싶다면,

하루 10분의 루틴부터 반복하라.

그 짧은 반복이 수익을 만들고 계좌를 성장시킨다."

☑ 투자는 몰입이 아니라, 루틴이다.

많은 사람이 착각한다.

➜ "투자는 오래 붙잡고 있어야 잘할 수 있다."

➜ "정보를 많이 모으고, 분석을 깊게 해야 성공할 수 있다."

그러나 실제로는

    - 공부를 했는데도 계좌는 제자리

    - 분석을 했는데도 타이밍은 놓치고

    - 노력을 했는데도 성과는 미미하다.

➜ 왜일까?

지속 가능한 루틴이 없기 때문이다.

기돈시는 말한다.

"투자의 성패는 지식이 아니라,

반복 가능한 실행 루틴에 달려 있다."

☑ 기돈시의 10분 루틴은 이렇게 구성된다.

기돈시 시스템은 하루 단 10분이면

전체 투자 과정을 처리할 수 있도록 최적화되어 있다.

아래는 실제 투자자의 하루 루틴이다.

(익숙해지면 하루 단 30초면 충분)

① 아침 루틴(2~3분)

- 전일 매도 종목의 보충 여부 확인

- 시스템이 08:30에 각 분할 매수가 +10%에 일괄 매도 주문할 수 있도록 버튼 터치

② 장중 루틴(4~5분)

- 총 40개 종목이 채워질 때까지 조건 충족 종목 실시간 추천을 받아서 진입

- 실시간 분할 매수 신호에 따라

➜ 버튼 터치로 즉시 실행

③ 마감 루틴(2~3분)

- 포트폴리오 상태 점검: 수익, 손실, 대기 종목 확인

- 자금 회전 여부 체크 및 다음 진입 계획 수립

➜ 이 루틴을 반복하면

➜ 감정 개입 없이 전략적인 투자 흐름이 구축된다.

☑ 루틴이 계좌를 바꾸는 5가지 변화

① 즉각적인 실행력 확보

➜ 신호가 오면 바로 반응

➜ 타이밍 손실 없이 효율적 매매 가능

② **복기와 전략 개선이 쉬워진다.**

➔ 동일한 루틴 덕분에 데이터 비교와 피드백이 용이

③ **자금 회전율이 높아진다.**

➔ 멈추지 않는 흐름이 계좌를 항상 활성화시킨다.

④ **시간 제약 없이 실현 가능**

➔ 직장인·자영업자도 투자 효율을 확보할 수 있다.

⑤ **복리 구조가 작동하기 시작한다.**

➔ 반복 가능한 루틴에서 수익이 쌓이고

복리의 힘이 계좌에 작용한다.

☑ 예시: 루틴 없는 투자자 vs. 기돈시 루틴 투자자

① **Case A: 루틴이 없는 투자자**

　- 하루 종일 종목 분석

　- 진입 타이밍 놓치고, 감정적 매매 반복

　- 매도 망설임, 후속 종목 선정 지연

➔ 결과: 수익은 미미하고 스트레스는 누적

② **Case B: 기돈시 10분 루틴 투자자**

　- 아침에 추천 종목 빠르게 체크

　- 조건 충족 시 즉시 진입

　- -10% 하락 시 즉시 분할 매수

　- +10% 수익 도달 시 즉시 분할 매도

　- 회수 자금은 후속 종목 또는 후속 분할 매수로 즉시 회전

➔ 결과: 계좌는 매일 성장하고, 수익은 복리로 누적

➔ 두 투자자의 차이는 분석력이 아니라

➔ 루틴의 유무다.

⊘ 투자 루틴은 '판단을 줄이는 시스템'이다.

대부분의 투자자는

더 나은 판단을 하기 위해 더 많은 시간을 쓴다.

기돈시는 반대로 말한다.

"판단을 줄이고 루틴을 만들어라."

   - 판단은 피로를 만든다.

   - 루틴은 에너지를 절약하고 감정을 통제한다.

➜ 루틴이 반복되면 판단은 단순해지고,

수익은 안정적으로 반복된다.

⊘ 루틴이 반복되면, 계좌는 복리 궤도에 오른다.

10분 루틴은 작아 보이지만

➜ 매일 반복하면 그 결과는 매우 크다.

   - 수익 구조는 일관성을 갖게 되고

   - 자금 흐름은 끊김 없이 유지되며

   - 투자자는 감정이 아닌 구조에 적응하게 된다.

➜ 결국, 계좌는 강력한 복리 성장 구조로 진입한다.

결론: 계좌를 바꾸고 싶다면
전략이 아니라 루틴부터 바꿔라.

기돈시는 강조한다.

"수익은 분석이 아니라 반복에서 온다.

매일 10분(익숙해지면 하루 단 30초), 그 짧은 루틴이

당신의 계좌를 복리로 이끌 것이다."

➜ 고민보다 실행

> → 판단보다 루틴
>
> → 시간보다 구조
>
> 기돈시 루틴을 매일 실행하라.
>
> 그 반복이 당신의 계좌를 바꾼다.
>
> 그리고 그 루틴이 곧,
>
> 당신만의 지속적 성장 시스템이 된다.

더 오래 붙들수록 수익은 줄어든다

✔ 많은 투자자가 다음과 같이 말한다.

"조금만 더 들고 있었으면 수익이 더 컸을 텐데요."

"수익이 나서 안 팔았더니 다시 떨어졌어요."

"극대화하고 싶어서 버티고 있는데… 결국 본전입니다."

→ 수익을 키우겠다는 욕심이

수익 자체를 없애 버리는 결과로 이어진다.

기돈시는 단호하게 말한다.

"수익은 오래 보유해서 커지는 게 아니다.

정해진 목표 수익률에서 '실현'할 때 가장 크게 유지된다."

→ 더 오래 붙들수록 수익은 줄어든다.

✔ 수익은 보유 기간이 아니라, 회전 횟수로 커진다.

많은 투자자가 이렇게 생각한다.

- '지금 +10%인데, 조금만 더 기다리면 +20%도 가능하겠지.'

- '이번 기회에 한 번에 크게 벌자.'

- '이 종목 하나로 이번 달 목표를 끝내자.'

하지만 현실은 이렇다.

+10% → +13% → +9% → +4% → -2%

➔ 결국, 익절 타이밍을 놓치고 수익은 사라지고 계좌는 정체된다.

➔ 한 종목에 자금이 묶이면 더 좋은 기회가 와도 잡을 수 없다.

➔ 전체 회전 구조가 무너지면서

계좌는 수익을 누적하지 못하게 된다.

✅ 기돈시는 수익을 '정해진 기준'에 따라 실현한다.

기돈시의 수익 실현 구조는 다음과 같이 작동한다.

① +10% 수익 도달 시 기계적 분할 매도 실행

➔ 감정 없이 시스템이 08:30에 각 분할 매수가 +10%에 일괄 매도 주문

② 분할 매도 완료 후 즉시 후속 종목 또는 후속 분할 매수 추천

➔ 회수된 자금은 바로 다음 수익 구조로 재투입

자금이 멈추지 않고 회전

➔ 수익은 오래 끌고 가는 것이 아니라

빠르게 실현하고 반복함으로써 누적된다.

➔ 이 구조는 투자자의 감정 개입을 막고

심리적 스트레스를 최소화하며

계좌의 회전성과 안정성을 동시에 확보한다.

✅ 왜 오래 들고 있을수록 수익은 줄어드는가?

① 시장 자체가 예측 불가능하다.

- 갑작스러운 악재, 정책 변화, 수급 이탈

➔ 장기 보유는 예측 불가능한 리스크에 더 취약하다.

② **감정적 판단이 개입된다.**

- "조금만 더 보자."

- "지금 팔기 아깝다."

➜ 수익 실현 타이밍을 놓치고 결국 후회만 남는다.

③ **기회비용이 증가한다.**

- 자금이 묶이면

➜ 새로운 종목에 진입하지 못하고 전체 수익률이 떨어진다.

④ **스트레스와 피로가 누적된다.**

- 보유 기간이 길수록 심리적 부담은 커지고

➜ 판단력은 흐려진다.

☑ 투자는 '길게 붙드는 기술'이 아니라,

'빠르게 회전하는 전략'이다.

장기 보유 전략이 유효할 때도 있다.

➜ 그러나 기돈시가 설계한 단기 회전형 투자 시스템에서는

수익은 빠르게 실현되고, 자금은 지속적으로 순환되어야 한다.

기돈시는 강조한다.

"수익은 지키는 것이지, 키우려는 욕심으로 망치면 안 된다."

➜ 회전할 때 수익은 살아나고

반복할 때 복리 효과가 발생한다.

☑ 오래 붙드는 매매는 결국 '욕심'이다.

- "이번에 크게 한 번 먹자."

➜ 도박적 사고에 가깝다.

- "조금만 더 기다리면 오를 것이다."

➜ 명확한 데이터 없는 막연한 기대감

- "기왕이면 +30%까지 가 보자."

➜ 기준 없이 감정에 휘둘리는 매매

➜ 이런 방식은 수익을 깎고 투자 습관 자체를 망가뜨린다.

결론: 수익은 오래 들고 있을수록 줄어든다.

기돈시는 말한다.

"하나의 종목을 오래 붙들수록 계좌는 멈춘다.

수익은 작게라도 자주 실현하고,

자금을 계속 회전시켜야 계좌는 성장한다."

➜ 수익을 극대화하려면

➜ 욕심보다 구조, 마냥 기다림보다 회전이 답이다.

지금 수익이 났다면,

➜ 즉시 실현하라.

➜ 그리고 자금을 다시 회전시켜라.

➜ 이 과정을 반복하는 것이

진짜 계좌를 성장시키는 투자 방식이다.

4

단순한 반복이 최고의 전략이다

✅ "이 전략은 너무 단순하지 않나요?"

"매일 같은 루틴만 반복하니 지루합니다."

"복잡한 전략이 수익을 더 높이지 않을까요?"

많은 투자자가 복잡한 전략은 고급,

단순한 전략은 초급이라고 착각한다.

하지만 기돈시는 단호하게 말한다.

"가장 단순한 전략이 가장 강력하다.

반복 가능한 단순함이야말로

지속 가능한 수익을 만드는 최고의 무기다."

✅ 시장은 복잡하므로, 전략은 반드시 단순해야 한다.

주식시장은 끊임없이 변화하는 예측 불가능한 공간이다.

- 하루에도 수백 개 종목이 오르내리고

- 국내외 이슈, 금리, 수급, 뉴스 등 다양한 변수들이

➜ 매 순간 시장을 요동치게 만든다.

이 복잡한 시장에 복잡한 전략으로 대응하면

➜ 판단력은 흐려지고

➜ 실행은 느려지며

➜ 타이밍은 놓치게 된다.

➜ 결과는 수익이 아닌 혼란과 실수, 스트레스다.

기돈시는 말한다.

"복잡한 시장을 이기려면

전략은 단순하고 반복 가능해야 한다."

✅ 단순한 전략이 실전에서 가장 강력한 이유

① 쉽게 반복할 수 있다.

➜ 누구나 쉽게 이해하고 따라 할 수 있는 구조

➜ 반복 가능한 전략이 결국 '꾸준함'을 만든다.

② **감정적 판단을 줄인다.**

➜ 명확한 규칙은 욕심·공포에 흔들리지 않게 만든다.

➜ 자동화된 판단은 감정보다 훨씬 냉정하다.

③ **실수가 줄어든다.**

➜ 복잡한 전략은 변수와 예외가 많아 오차 가능성도 커진다.

➜ 단순한 전략은 명확한 기준으로 실수 가능성을 최소화한다.

④ **성과 분석이 쉽다.**

➜ 동일한 전략을 반복하면

➜ 어떤 지점에서 잘못됐는지 쉽게 분석 가능

⑤ **실행 속도가 빠르다.**

➜ 복잡한 판단 없이 바로 실행 가능

➜ 시장의 빠른 흐름에도 민첩하게 대응

✔ 예시: 복잡한 전략 vs. 단순 루틴 전략

① **Case A: 복잡한 전략 투자자**

 - 시황, 지표, 뉴스, 테마 모두 분석

 - 기준이 모호해 타이밍을 자주 놓침

 - 루틴이 없고, 실행도 불안정

➜ 결과: 수익률은 낮고 계좌는 불안정

② **Case B: 기돈시 단순 루틴 투자자**

 - 하루 10분 루틴으로 동일한 구조 반복

 - 시그널 기반 기계적 진입·매수·매도

 - 자금은 쉬지 않고 회전

➜ 결과: 수익률은 꾸준하고 계좌는 안정적으로 성장

➜ 투자 성공은 '복잡함'에서 오지 않는다.

➜ 반복 가능한 단순함에서 온다.

✓ 최고의 전략은

'쉽고, 반복 가능하며, 즉시 실행 가능한 것'이다.

아무리 정교한 전략이라도

➜ 반복할 수 없다면,

➜ 매일 실천할 수 없다면,

➜ 결국, 계좌를 성장시키지 못한다.

➜ 최고의 전략은

누구나 이해할 수 있고,

매일 반복할 수 있으며,

즉시 실행 가능한 단순한 구조다.

➜ 그것이 기돈시가 설계한 시스템이다.

✓ 단순한 루틴은 감정을 이긴다.

투자에서의 가장 큰 적은 시장이 아니라

➜ 자신의 감정이다.

두려움은 손절을 부르고,

욕심은 익절을 망치며,

망설임은 기회를 놓치게 만든다.

기돈시 루틴은 감정이 들어올 틈을 허용하지 않는다.

➜ 진입은 신호로,

➜ 매수는 기준으로,

➜ 매도는 기계적으로,

➜ 회전은 시스템으로 실행된다.

➜ 감정이 개입되지 않기에 투자는 냉정해지고, 계좌는 꾸준해진다.

복리 효과는 단 한 번의 대박에서 나오지 않는다.

➜ 작지만 반복되는 수익에서 나온다.

기돈시는 매일 일정한 전략으로

➜ 소규모 수익을 지속적으로 반복하게 만든다.

➜ 수익은 자동으로 재투자되며

자금은 100개의 수익 톱니바퀴 구조 안에서

끊임없이 순환하며 복리로 증폭된다.

➜ 시간이 지날수록 계좌는 눈에 띄게 성장한다.

결론: 복잡한 전략보다, 단순한 전략을 꾸준히 반복하라.

기돈시는 명확히 말한다.

"성공적인 투자는 복잡한 전략을 가진 자가 아니라,

단순한 전략을 반복한 자가 이끈다."

➜ 가장 강력한 전략은

누구나 이해할 수 있고,

매일 반복할 수 있으며,

즉시 실행 가능한 전략이다.

➜ 하루 10분(익숙해지면 하루 단 30초),

그 단순한 루틴을 매일 반복하라.

➜ 그 반복이 계좌를 움직이고

당신의 자산을 복리로 성장시킬 것이다.

버튼을 눌러라.

그러면 수익이 돌아간다.

밀고 반복하는 자가 승리한다

"이번엔 시스템 덕에 수익이 났지만, 다음에도 통할까요?"

"계속 반복하면 언젠가 실패하는 건 아닐까요?"

"이번만 운이 좋았던 건 아닌지 불안합니다."

이런 질문은 아직 시스템을 '완전히 신뢰하지 못했다.'라는 신호다.

기돈시는 단호하게 말한다.

"수익을 반복하는 사람은 시스템을 이해한 사람이 아니라,

끝까지 밀고 반복한 사람이다."

진짜 수익은 '한 번'이 아니라 '누적'에서 나온다.

운 좋게 한두 번 수익을 내는 건 어렵지 않다.

➜ 하지만 그것이 반복되지 않으면 결국 그 수익은 사라진다.

기돈시가 추구하는 것은

'한 번의 대박'이 아닌 '지속 가능한 반복 수익'이다.

➜ 매일, 매주, 매달 일정하게 쌓이는 수익

그것이 계좌를 성장시키고 자산을 증식시킨다.

완벽한 전략보다 중요한 건

'끝없이 반복 가능한 시스템'이다.

어떤 전략도 100% 수익을 낼 수는 없다.

어떤 종목도 항상 오를 수 없다.

➜ 하지만 기돈시는 반복성 하나만큼은 완벽하게 설계했다.

기돈시의 반복 루틴은 다음과 같다:

루틴 단계	내용
종목 추천	총 40개 종목이 채워질 때까지 조건 충족 종목 추천 및 진입
진입 실행	조건 충족 시 즉시 진입
분할 매수	직전 매수가 대비 -10% 하락 시마다 추가 매수
분할 매도	각 매수가 대비 +10% 수익 시 기계적 매도
자금 회전	수익 실현 자금은 후속 종목 또는 후속 분할 매수로 즉시 연결

➔ 이 구조는 매일 동일하게 작동하며,

계좌를 흔들림 없이 성장시키는 반복 시스템이다.

⌖ 반복은 기술이 아니라 태도다.

수익을 반복하는 사람과

수익을 놓치는 사람의 차이는

➔ 분석력이나 지식이 아니다.

➔ '반복을 습관화하는 태도'에 있다.

총 40개 종목 미달 시, 추천 종목을 확인한다.

조건이 충족되면 망설임 없이 진입한다.

하락 시 분할 매수를 자동으로 실행한다.

수익률 도달 시 분할 매도를 즉시 실행한다.

회수된 자금은 다음 종목으로 회전시킨다.

➔ 이 단순한 루틴을 매일 반복하는 사람이

➔ 시장에서 이기고, 복리로 계좌를 성장시킨다.

⌖ 반복은 감정을 통제하고 신뢰를 만든다.

시작할 때는 누구나 시스템을 의심한다.

➔ "이렇게 단순한 구조로 정말 수익이 날까?"

하지만 반복이 누적되면 신뢰가 형성된다.

반복 횟수	투자자의 변화
1~10회	가능성 확인
11~50회	구조를 이해하고 신뢰 형성
50회 이상	감정 없는 자동 반복 상태

➜ 반복은 감정을 이기고,

시장이 흔들릴 때도 당신은 흔들리지 않는다.

➜ 왜냐하면, 시스템은 손실을 관리하고,

수익을 다시 만들어 내기 때문이다.

✓ 기돈시의 목표는

'한 번의 성공'이 아닌 '백 번의 반복'이다.

   - 한 번의 수익은 운이다.

   - 열 번의 수익은 전략이다.

   - 백 번의 수익은 시스템이다.

기돈시는 바로 이 '백 번의 반복'을 설계한 구조다.

➜ 투자자의 역할은 단순하다.

➜ 믿고 반복하는 것.

➜ 매일 같은 루틴을 망설임 없이 반복하고,

➜ 자금을 회전시키고,

➜ 수익을 쌓아 가는 것.

➜ 이 반복이 쌓이면

계좌는 '스스로 수익을 만들어 내는 시스템'으로 진화한다.

결론: 믿어라. 반복하라. 계좌는 반복 속에서 성장한다.

시장에서 살아남는 건

가장 똑똑한 사람이 아니라

가장 꾸준히 반복한 사람이다.

당신의 계좌가 성장하려면

아래 루틴을 매일 10분(익숙해지면 단 30초)씩 반복하라!

　－ 종목 추천 확인

　－ 조건 충족 시 진입

　－ 하락 시 분할 매수

　－ 수익 도달 시 분할 매도

　－ 회수 자금으로 후속 종목 진입 또는 후속 분할 매수

➔ 이 루틴을 믿고 매일 반복하는 사람만이

평생 안정적인 수익을 누릴 수 있다.

기돈시는 모든 준비를 마쳤다.

이제 당신이 해야 할 일은 단 하나,

"믿고, 반복하라."

판단하지 마라. 의심하지 마라. 그리고 믿어라!

믿고 반복하는 것이 곧 수익이고,

믿고 반복하는 것이 곧 성장이다.

믿고 반복하는 자가 승리한다!

감이 아닌 구조가 만든
지속적인 초과 수익 달성

나는 이 책에서 하나의 철학을 일관되게 강조했다.

➜ 감이 아닌 구조,

➜ 운이 아닌 시스템,

➜ 예측이 아닌 재현.

'기다리면서도 돈을 계속 버는 시스템', 줄여서 기돈시는

시장의 무자비한 흐름에 휘둘리지 않기 위해

➜ 내가 직접 설계하고, 실전에서 끊임없이 검증해 온

살아 있는 생존 전략의 결정판이다.

이 전략을 처음 세상에 공개한 건 2025년 1월,

'돈벼락 투자자문(www.donbr.com)'이라는 이름으로였다.

그러나 예상과 달리 많은 사용자가 이렇게 말했다.

"좋은 시스템인 건 알겠는데, 초보자에겐 진입 장벽이 높아요."

나는 그 피드백을 결코 흘려듣지 않았다.

➜ 누구나 부담 없이 실행할 수 있어야 진짜 실전 시스템이다.

➜ 예측도 분석도 필요 없는,

➜ 버튼만 누르면 자동으로 작동하는 구조를 만들어야 한다.

2025년 11월, 나는 기존의 핵심 전략을 그대로 유지하면서

➔ 실행 구조는 더욱 단순하게,

➔ 실행은 훨씬 더 쉽게 누구나 할 수 있도록 다듬어

'스핀스탁(www.spinstock.co.kr)'이라는 새로운 이름으로 다시 세상에 내놓았다.

이제는 누구든지

➔ 복잡한 매매 지식 없이,

➔ PC 없이 핸드폰 하나로, 언제 어디서나

➔ 단 10분(익숙해지면 단 30초), 버튼만 누르면

➔ 기계적으로 수익을 반복할 수 있는 시대가 되었다.

그리고 이 책은,

그 실행 구조를 처음부터 끝까지 루틴화된 실천 방식으로 안내하는 매뉴얼이다.

단순한 이론이 아니라,

➔ 실제 시장에서 지금도 움직이고 있는 시스템을

➔ 당신 손끝에서 바로 작동하게 만드는 방법을 담고 있다.

✅ 감으로는 수익이 반복되지 않는다.

"이번엔 느낌이 좋다."

"뉴스 흐름을 보니 들어가야 할 타이밍이다."

➔ 경험이 많은 투자자일수록 이런 말을 자주 한다.

그러나 실전에서 나는 분명히 배웠다.

감은 느낌일 뿐, 수익의 근거가 아니다.

➔ 한두 번은 맞을 수 있다.

➔ 그러나 반복되지 않는다.

왜냐하면 감에는

➜ 기준이 없고,

➜ 책임이 없으며,

➜ 재현성도 없다.

실패하면 "느낌이 달랐어."

성공해도 "운이 좋았던 거야."

➜ 이처럼 애매한 원인은 다음 수익으로 연결되지 않는다.

➜ 결국 계좌는 흔들리고, 투자자는 흔들리다 무너진다.

✅ 구조는 수익을 재현하고 누적시킨다.

기돈시는

➜ 감정을 원천 차단하고

➜ 누구나 반복 가능한 흐름으로 설계되었다.

진입은 정해진 조건에서 시작되고

하락 시 -10% 단위로 분할 매수

각 분할 매수가 +10% 도달 시 기계적 분할 매도

매도된 자금은 즉시 후속 종목 또는 후속 분할 매수에 재투입

이 모든 흐름은

➜ 감정 없이,

➜ 고민 없이,

➜ 버튼 하나로 실행된다.

수익은 예측이 아닌,

정해진 구조 안에서 반복될 때 비로소 누적된다.

✅ 지속적인 초과 수익은 안정된 루틴에서 만들어진다.

주식시장에는 '한 방'도 있고, '대박 종목'도 있다.

그러나 대부분의 투자자는

➜ 한 번의 운 좋은 수익 뒤,

➜ 그 이상을 욕심내다 결국 무너진다.

기돈시는 다르다.

➜ 시장의 변동성에 흔들리지 않는

➜ 구조화된 반복과 회전으로

➜ 수익을 매일, 매달, 매년 누적시키는 시스템이다.

진짜 지속적인 초과 수익이란

➜ 감으로 맞힌 우연이 아니라,

➜ 구조로 반복한 필연에서 만들어진다.

✓ 실패는 시스템 밖에서 시작된다.

사람들은 실패의 원인을 외부에서 찾는다.

➜ 시장, 뉴스, 종목, 정책.

그러나 진짜 원인은 내 안에 있다.

➜ 조급함, 불안, 욕심, 자만.

➜ 그리고 '판단'이라는 이름의 감정.

이 모든 감정을 통제하는 유일한 방법은

루틴, 그리고 시스템이다.

시스템 안에 감정을 묶고

구조 안에서 행동을 고정시키고

반복 안에서 수익을 누적시켜야 한다.

그것이 습관이 되고,

습관이 실력이 되며,

실력이 복리로 성장하는 계좌를 만든다.

✅ 마지막은 결국, 당신의 실행이다.

이 책을 끝까지 읽었다는 건

➜ 당신이 이미 '감'이 아닌 '구조'의 가치를 이해했다는 뜻이다.

그러나 이해만으로는 바뀌지 않는다.

➜ 바꾸는 건 언제나 실행이다.

매일 10분(익숙해지면 단 30초)

매뉴얼에 따라 버튼을 누르고,

매수와 매도를 시스템 구조에 맡기고,

자금을 회전시켜 또다시 수익으로 연결하라.

그 작은 루틴의 반복이

당신의 계좌를 움직이고,

당신의 수익을 돌리고,

당신의 삶을 바꾸게 될 것이다.

✅ 그리고 반드시 기억하라.

기회는 기다리는 것이 아니다.

기회는 구조 안에서 스스로 만들어 내는 것이다.

➜ 준비된 루틴을 가진 사람만이

➜ 흔들리는 시장에서 기회를 기계적으로 잡아낸다.

"버튼만 누르면 수익이 돌아간다."

이 말은 표어가 아니다.

➜ 시장에서 수없이 검증된 구조의 언어다.

➜ 반복 가능한 구조를 가진 사람만이

➜ 예측이 아닌 실행으로 계좌를 성장시킨다.

이제, 그 구조는 모두 준비되었다.

남은 것은 당신의 실행이다.

반복하라.

누적하라.

성장하라.

그리고 구조로,

진짜 지속적인 초과 수익을 만들어라.

버튼을 눌러라!
그러면 수익이 돌아간다!!!

100개의 수익 톱니바퀴가 당신이 자는 순간에도 계속 돌아간다.

- 스핀스탁(www.spinstock.co.kr) -

- 기다리면서도 돈을 계속 버는 시스템(기돈시) -

분산, 분할, 분리 주식 투자 철학 구현

분산: 총 40개 종목으로 분산 투자(종목당 비중 2.5%)

분할: 종목당 총 4회 분할 매수

분리: 총 100개로 분리하여 포트폴리오 구성(한 개당 비중 1%)

물려도 살아 나올 수 있는 종목(물살종) 진입

매수 후 하락 시 -10% 단위로 실시간 기계적 분할 매수

각 분할 매수분 수익률 +10% 도달 시 실시간 기계적 분할 매도

매도 후 회수 자금은 후속 종목 또는 후속 분할 매수로 즉시 연결

총 40개 종목이 채워질 때까지 조건 충족 종목 추천 및 진입

(자문 초일 40개 종목 진입도 가능)

분할 매수: 실시간 카톡 알림으로 실시간 매수

분할 매도: 시스템이 08:30에 일괄 매도 주문하여 실시간 매도

하루 단 30초면 충분!

- PC 없이 핸드폰 하나로, 언제 어디서나 가능!

- 주식 초보자도 하루 몇 번 핸드폰 터치로 충분!

** 1개월 사용 후 불만족 시 100% 환불 보장